Título: *NeuroLiderança Aplicada*

Como a Neurociência Está Transformando a Forma de Liderar no Século XXI

Fundamentos científicos e aplicações práticas da neurociência para líderes, gestores e tomadores de decisão

Sumário

Parte I – Fundamentos da Neurociência Aplicada

1. Introdução à neurociência: conceitos e estruturas cerebrais

2. Cérebro social e liderança: conexões invisíveis

3. Neuroplasticidade: como líderes se moldam e moldam outros.

4. O papel do sistema límbico na tomada de decisão

Parte II – Comunicação e Processamento Cerebral

O Guia Funcional e Prático para controlar o cérebro e alcançar seu potencial máximo

NeuroLiderança Aplicada

5. Como o cérebro processa comandos, ideias e palavras

6. Comunicação não verbal sob o olhar da neurociência

7. Escuta ativa, espelhamento e neurônios-espelho

Parte III – Emoções, Motivação e Influência

8. A química da motivação: dopamina, serotonina e oxitocina

9. Liderança motivacional e ciclos de recompensa

10. O papel da empatia e da regulação emocional no comando

Parte IV – Neurociência da Tomada de Decisão

11. Intuição e lógica: o cérebro executivo do líder

12. Vieses cognitivos e julgamento sob pressão

13. O cérebro sob estresse: limites e respostas

Parte V – Neurociência e Performance de Equipes

NeuroLiderança Aplicada

14. Formação de equipes coesas sob o olhar da neurociência

15. Feedback, recompensa e punição: efeitos cerebrais

16. Criatividade, segurança psicológica e inovação

Parte VI – NeuroLiderança na Prática

17. Modelos aplicados de liderança neurocientífica

18. Ferramentas práticas de autoregulação emocional

19. Protocolos de treinamento cerebral para líderes

Parte VII – Tendências e Futuro da NeuroLiderança

20. Liderança e inteligência artificial

21. Neuroética: os limites da influência

22. O novo líder: mente, cérebro e propósito humano

NeuroLiderança Aplicada

Prefácio

Vivemos em uma era em que liderar exige mais do que inteligência, experiência e boa intenção. Exige consciência. Exige compreender profundamente **o ser humano como organismo biológico, emocional, relacional e simbólico**. Exige saber o que acontece dentro de um cérebro — não apenas como estrutura anatômica, mas como campo vivo de decisões, conexões, reações e significados.

Durante muito tempo, tentamos resolver os desafios da liderança apenas com ferramentas de gestão, técnicas de persuasão e indicadores de desempenho. Ignoramos, no entanto, o elemento mais importante em qualquer ambiente organizacional: **o cérebro humano**. O que move, o que paralisa, o que acalma, o que motiva, o que engaja, o que afasta. Tudo começa — e termina — dentro de um sistema neural altamente sensível, complexo e plástico.

Este livro nasce da convicção de que **a liderança do futuro precisa ser neuroconsciente**. Precisa compreender como o ambiente impacta o funcionamento cerebral das equipes. Precisa saber que o tom da voz de um líder pode ativar sistemas de recompensa — ou de defesa. Que uma reunião pode ser campo de aprendizagem — ou de retração. Que cada feedback, cada olhar, cada silêncio comunica algo diretamente à fisiologia do outro.

NeuroLiderança Aplicada

A neurociência, enquanto ciência de base, oferece à liderança algo que vai além de modismos ou slogans corporativos: **ela oferece evidência.** *E com base nessas evidências, podemos formar líderes mais empáticos, estratégicos, lúcidos e equilibrados.*

Este livro não pretende oferecer fórmulas. Ele oferece **mapas, fundamentos, práticas e provocações.** *Ele é um convite para que você, líder ou futuro líder, compreenda que não basta saber o que fazer. É preciso saber* **como fazer com consciência do impacto neurológico que você gera a cada decisão.**

Cada capítulo foi escrito para unir ciência e aplicação. Conceito e prática. Biologia e comportamento. Ética e influência. Porque a liderança que se sustenta não é a que domina, mas a que transforma — de dentro para fora.

Que esta leitura abra novas redes em seu pensamento. Que reorganize seus hábitos, reforce sua empatia e expanda sua presença.

E que, acima de tudo, te ajude a ser o tipo de líder que, ao conhecer o cérebro, **escolhe cuidar da mente — sua e dos outros.**

Boa jornada.

Introdução

A neurociência deixou de ser exclusividade de laboratórios e pesquisas acadêmicas e passou a influenciar diretamente os campos da gestão, liderança e comportamento organizacional. Neste livro técnico e aplicado, líderes e gestores encontrarão os fundamentos neurocientíficos que explicam como o cérebro humano reage a comandos, estímulos, decisões, feedbacks e contextos sociais no ambiente corporativo.

NeuroLiderança Aplicada *oferece uma jornada embasada e prática sobre como os circuitos cerebrais afetam a motivação, a empatia, a confiança, a criatividade, o engajamento e o estresse — e como essas descobertas podem ser usadas para construir uma liderança mais humana, estratégica e eficaz.*

Com linguagem acessível, rigor acadêmico e exemplos práticos, esta obra é indispensável para quem deseja liderar com mais inteligência emocional, influência real e base neurocientífica sólida.

Página 1 — Introdução à Neurociência: Conceitos e Estruturas Cerebrais

A neurociência, enquanto campo científico interdisciplinar, tem como objetivo central compreender a estrutura, o funcionamento e a dinâmica do sistema nervoso, com ênfase especial no cérebro humano. Nos últimos anos, essa ciência expandiu-se significativamente para além dos laboratórios clínicos e institutos de pesquisa, ganhando espaço em áreas como educação, saúde mental, economia comportamental e, de forma crescente, **liderança e gestão organizacional.**

Compreender como o cérebro humano processa informações, responde a estímulos sociais, regula emoções e toma decisões não é apenas uma curiosidade científica: tornou-se uma competência estratégica para líderes e gestores que desejam compreender profundamente o comportamento humano em ambientes corporativos complexos, desafiadores e em constante transformação.

NeuroLiderança Aplicada

A palavra *"neurociência"* refere-se à união entre neuron (nervo, em grego) e scientia (conhecimento, em latim), o que reforça a natureza dessa disciplina: o conhecimento sobre o sistema nervoso e seu impacto sobre o pensamento, as emoções, os hábitos e as escolhas. A integração com áreas como a psicologia, a biologia molecular, a farmacologia, a filosofia da mente e, mais recentemente, as ciências sociais, impulsionou o surgimento de ramos aplicados como a **neuroeducação, neuroeconomia e neurociência organizacional**.

Para o estudo da liderança, alguns conceitos estruturais da neurociência são imprescindíveis. O primeiro é a **estrutura tripartite do cérebro**, modelo popularizado por Paul MacLean, que embora simplificado, oferece uma base útil para compreender reações comportamentais. Esse modelo divide o cérebro em três sistemas principais:

1. **Cérebro reptiliano (tronco encefálico):** *responsável pelos instintos básicos de sobrevivência, como fome, agressividade, territorialidade e respostas automáticas. Lideranças que operam sob estresse constante tendem a ativar esse sistema, promovendo ambientes de medo, competição extrema e respostas impulsivas.*
2. **Sistema límbico:** *centro emocional do cérebro, responsável pelo processamento de sentimentos, memórias afetivas e vínculos sociais. É aqui que se manifesta a empatia, a confiança e o reconhecimento interpessoal — elementos-chave da liderança humanizada. A oxitocina, conhecida como o "hormônio do vínculo", é amplamente estudada nesse contexto, pois está relacionada à coesão de equipe e à sensação de pertencimento.*
3. **Neocórtex:** *a camada mais recente e sofisticada, evolutivamente, do cérebro humano. Sede da razão, da linguagem, da abstração, do planejamento*

estratégico e da autorregulação. A atuação consciente de um líder está profundamente ancorada nesta estrutura. A função executiva, associada ao córtex pré-frontal, é particularmente relevante, pois regula o julgamento, a tomada de decisão racional e a inibição de comportamentos inadequados.

É fundamental destacar que essas estruturas não operam de forma isolada. O comportamento de um líder, bem como a dinâmica de uma equipe, resulta da **interação constante entre emoção, instinto e razão.** *Em contextos de pressão, por exemplo, é comum que o sistema límbico sobreponha o neocórtex, levando o líder a decisões precipitadas ou reações emocionais desproporcionais. Da mesma forma, líderes que ignoram as dimensões afetivas e sociais da mente humana tendem a gerar climas organizacionais frios, com baixa motivação e resistência à inovação.*

Estudos contemporâneos de **neuroimagem funcional (fMRI)** *permitem mapear, em tempo real, quais áreas cerebrais se ativam em determinadas situações de liderança, como ao receber um feedback, tomar decisões difíceis ou ao mediar conflitos. Esses achados validam cientificamente o que muitos líderes intuitivamente percebem: o comportamento humano, inclusive em contextos corporativos, é moldado por padrões neurológicos complexos e moduláveis.*

Conclui-se, portanto, que qualquer proposta de desenvolvimento de lideranças no século XXI precisa considerar as bases neurológicas do comportamento. A neurociência aplicada à liderança oferece, assim, **um caminho para entender e desenvolver líderes com maior consciência de si, mais sensibilidade social e mais domínio sobre os próprios estados internos.** *É o início de uma revolução silenciosa — mas profundamente eficaz — na* *forma como se exerce o poder, se constroem relacionamentos e se geram resultados.*

Página 2 — Cérebro Social e Liderança: Conexões Invisíveis

A compreensão do cérebro como uma estrutura eminentemente social representa um dos marcos conceituais mais importantes da neurociência moderna. Contrariando modelos anteriores que tratavam o funcionamento cerebral como um processo predominantemente individual e isolado, as evidências acumuladas nas últimas décadas mostram que **o cérebro humano é biologicamente programado para a conexão interpessoal**. Esse conceito é a base do que se convencionou chamar de **"cérebro social"** — um conjunto de redes neurais voltadas à detecção, interpretação e regulação de interações sociais.

Para líderes e gestores, compreender a lógica do cérebro social é fundamental, pois grande parte de sua atuação se dá em contextos coletivos: condução de equipes, mediação de conflitos, construção de confiança, influência interpessoal e gestão de culturas organizacionais.

A expressão "cérebro social" foi consolidada na literatura científica por pesquisadores como **Matthew Lieberman** e **Naomi Eisenberger**, da UCLA, cujos estudos com neuroimagem demonstraram que regiões cerebrais associadas à dor física — como o córtex cingulado anterior — também são ativadas em situações de **exclusão social, rejeição, isolamento ou falta de reconhecimento**. Esse dado é impactante: ser ignorado ou desrespeitado em uma equipe **ativa no cérebro a mesma rede neural da dor física,**

NeuroLiderança Aplicada

*evidenciando que vínculos interpessoais não são acessórios no trabalho — são **necessidades biológicas**.*

Outra descoberta relevante é a dos **neurônios-espelho**, observada inicialmente nos anos 1990 por Giacomo Rizzolatti e sua equipe, na Universidade de Parma. Esses neurônios são ativados tanto quando uma pessoa realiza uma ação quanto quando observa outra pessoa realizando essa mesma ação. Isso implica que **o cérebro dos liderados simula internamente o comportamento emocional e postural do líder**, de forma automática e inconsciente. Em outras palavras, a presença emocional do líder — seu tom de voz, expressões faciais, linguagem corporal e reatividade emocional — **modela, biologicamente, o estado interno do grupo.**

A partir dessas descobertas, várias implicações práticas emergem para a liderança organizacional:

1. **A confiança é um fenômeno neurobiológico.** Ela se estabelece quando o sistema nervoso detecta segurança no outro — seja por previsibilidade comportamental, consistência ética ou empatia emocional. O líder que gera confiança modula o cérebro social da equipe de forma positiva, ativando circuitos de recompensa e bem-estar, especialmente via liberação de **oxitocina**, hormônio associado à conexão e à colaboração.
2. **O medo social gera disfunções cognitivas.** Ambientes autoritários, hostis ou imprevisíveis estimulam o eixo hipotálamo-hipófise-adrenal (HHA), levando à liberação contínua de **cortisol**, hormônio do estresse. O excesso de cortisol compromete o funcionamento do hipocampo (memória) e do córtex pré-frontal (decisão, planejamento, criatividade). Portanto, **líderes que governam pelo medo sabotam a inteligência coletiva.**

3. **A liderança é, antes de tudo, regulação emocional socialmente distribuída.**
O líder atua como um "termômetro relacional" da equipe. Se ele se comunica com calma, empatia e clareza, os cérebros ao seu redor regulam-se por ressonância. Esse fenômeno de **contágio emocional** é validado por estudos como os de Daniel Goleman e Richard Boyatzis, no campo da inteligência emocional aplicada à liderança.
4. **A exclusão social impacta a produtividade.**
Colaboradores que não se sentem vistos ou reconhecidos tendem a apresentar menor desempenho, maior absenteísmo e maior rotatividade. A neurociência comprova que o senso de pertencimento é tão fundamental quanto a remuneração para manter o engajamento.

Do ponto de vista prático, líderes conscientes das dinâmicas do cérebro social passam a adotar comportamentos mais consistentes com a promoção de ambientes saudáveis: escuta ativa, validação emocional, feedbacks respeitosos, linguagem inclusiva, transparência na comunicação e presença empática.

Portanto, liderar é também **ativar redes cerebrais alheias por meio da própria conduta.** Trata-se de um processo neurossocial sutil, mas extremamente poderoso. Ignorá-lo é liderar com cegueira. Compreendê-lo é liderar com precisão e consciência.

A neurociência oferece, assim, um novo olhar para a liderança: não mais centrada apenas em competências externas, mas profundamente enraizada em **conexões invisíveis que moldam o comportamento coletivo a partir do interior do cérebro humano.**

NeuroLiderança Aplicada

Página 3 — Neuroplasticidade: Como Líderes Se Moldam (e Moldam Outros)

Entre os conceitos mais revolucionários da neurociência moderna está a **neuroplasticidade** — a capacidade do cérebro humano de modificar sua estrutura, funcionalidade e redes de conexões sinápticas ao longo da vida, em resposta a estímulos, experiências, hábitos e aprendizados. Ao contrário da visão estática e determinista do cérebro que predominava até meados do século XX, os estudos atuais demonstram que o sistema nervoso é **altamente dinâmico**, adaptativo e moldável, inclusive na idade adulta.

Essa plasticidade tem profundas implicações no campo da liderança. Se o cérebro é plástico, isso significa que **os estilos de liderança também são aprendidos, treináveis, reconfiguráveis e reversíveis.** Um líder não nasce pronto. Ele se constrói — e, com consciência, pode reconstruir-se continuamente.

A neuroplasticidade ocorre em múltiplos níveis:

1. **Neuroplasticidade estrutural** – relacionada à formação de novas sinapses e até mesmo ao crescimento de neurônios (neurogênese), principalmente no hipocampo.
2. **Neuroplasticidade funcional** – reconfiguração da função de áreas cerebrais conforme a frequência e intensidade com que são ativadas.
3. **Neuroplasticidade experiencial** – modelagem do cérebro com base em experiências sociais, emocionais e cognitivas vivenciadas ao longo da vida.

Esses três níveis explicam, por exemplo, como líderes que enfrentaram contextos hostis tendem a desenvolver **padrões reativos, de controle ou evitativos**. Da mesma forma,

NeuroLiderança Aplicada

líderes expostos a ambientes de confiança, abertura e aprendizado colaborativo tendem a desenvolver estilos mais empáticos, integradores e estratégicos.

Essa plasticidade também é observada em funções cognitivas diretamente ligadas à atuação do líder, como:

- **Tomada de decisão**
- **Regulação emocional**
- **Empatia e perspectiva social**
- **Memória de trabalho**
- **Resiliência ao estresse**

O que permite essas mudanças é um mecanismo fundamental chamado **potenciação de longo prazo (LTP)**, pelo qual sinapses se fortalecem conforme são repetidamente ativadas. Em termos simples: **quanto mais um circuito é usado, mais fácil ele se torna de ser acessado.** Esse princípio é válido tanto para hábitos mentais positivos (como escuta, ponderação, reflexão estratégica) quanto para padrões disfuncionais (como reatividade, julgamento automático, impulsividade).

Dessa forma, é possível afirmar que **líderes constroem seus próprios cérebros a partir de suas rotinas mentais e comportamentais.** Um líder que se permite refletir, que regula conscientemente suas emoções, que aprende com feedbacks e que pratica empatia com regularidade, literalmente reconfigura seu cérebro para agir com mais sabedoria, presença e influência.

Além disso, como **agentes modeladores de comportamento**, líderes também induzem neuroplasticidade nas equipes. Isso se dá por meio de três mecanismos principais:

- *Espelhamento comportamental (via neurônios-espelho)*
- *Cultura organizacional (ambiente como condicionador neurobiológico)*
- *Narrativas e crenças compartilhadas (moldam a cognição coletiva)*

Se o ambiente organizacional for hostil, competitivo, punitivo ou instável, ele ativa áreas do cérebro ligadas à sobrevivência, o que reduz a criatividade, a inovação e o senso de pertencimento. Por outro lado, **ambientes que promovem segurança psicológica, cooperação e aprendizado contínuo estimulam o cérebro a operar em estados de expansão cognitiva e emocional.**

Portanto, líderes não apenas **formam equipes** — eles **esculpem cérebros.** E esse processo pode ser consciente ou inconsciente. Quando consciente, torna-se ferramenta poderosa de cultura e desenvolvimento. Quando inconsciente, pode gerar padrões disfuncionais com efeitos amplos.

A neurociência, ao revelar essa maleabilidade cerebral, empodera o líder com uma nova perspectiva: **não importa como você aprendeu a liderar até aqui — o cérebro permite que você reaprenda.** E, ao reaprender, você não muda apenas seu estilo de liderança. Você muda os caminhos neurais que sustentam o futuro das pessoas ao seu redor.

NeuroLiderança Aplicada

Página 4 — O Papel do Sistema Límbico na Tomada de Decisão

A tomada de decisão, considerada uma das principais funções de um líder, raramente é um processo puramente racional. Por mais que a lógica, os dados e os planejamentos estratégicos estejam presentes, decisões reais — especialmente sob pressão — **são profundamente influenciadas por fatores emocionais, contextuais e afetivos.** No centro desse processo está o **sistema límbico**, uma das estruturas cerebrais mais antigas e cruciais para a regulação das emoções, da memória e da sobrevivência.

O **sistema límbico** é composto por diversas estruturas interconectadas, entre as quais se destacam:

- **Amígdala**
- **Hipocampo**
- **Córtex cingulado anterior**
- **Tálamo**
- **Hipotálamo**

Essas regiões, em conjunto, participam ativamente da **avaliação emocional de estímulos**, *da* **resposta ao estresse**, *do* **armazenamento de memórias afetivas** *e da* **modulação de comportamentos sociais.**

Para o contexto da liderança, a função da **amígdala cerebral** é particularmente relevante. Essa estrutura é responsável por detectar ameaças — físicas ou sociais — e ativar respostas imediatas, geralmente em forma de reatividade emocional (raiva, medo, ansiedade). Em um ambiente organizacional, a amígdala pode ser ativada não por um predador, mas por uma crítica pública, um feedback mal formulado, uma reunião tensa ou uma decisão ambígua. Quando essa ativação ocorre, o cérebro desvia recursos do **córtex pré-frontal** *(racional, analítico) e os direciona para **respostas defensivas automáticas.***

*Esse fenômeno é conhecido como **"sequestro da amígdala"**, termo cunhado por Daniel Goleman, e descreve o estado em que o líder perde momentaneamente a capacidade de julgamento ponderado, agindo com impulsividade, agressividade ou fechamento. As decisões tomadas sob essa dominância límbica tendem a ser reativas, fragmentadas e, muitas vezes, prejudiciais.*

*O **hipocampo**, por sua vez, atua na codificação de experiências emocionais como memória. Isso significa que decisões anteriores marcadas por dor, frustração ou fracasso tendem a gerar padrões inconscientes de evitação ou hipercontrole. Da mesma forma, memórias positivas associadas a confiança, colaboração ou inovação reforçam vias neurais que favorecem comportamentos de abertura, criatividade e liderança empática.*

*A interconexão entre sistema límbico e **córtex cingulado anterior** também é crítica. Essa estrutura está envolvida na detecção de conflitos, na regulação de emoções sociais e na tomada de decisões éticas. Estudos com neuroimagem revelam que líderes que tomam decisões baseadas em valores ativam essas regiões de forma mais consistente, o que se reflete em comportamentos organizacionais mais coerentes, transparentes e sustentáveis.*

*Além disso, é importante compreender que o sistema límbico **não atua isoladamente**. Ele conversa o tempo todo com o **córtex pré-frontal dorsolateral**, responsável pela análise racional e planejamento. Quanto maior a maturidade emocional de um líder, mais eficiente é essa ponte entre emoção e razão — o que permite decisões mais equilibradas, mesmo sob pressão.*

NeuroLiderança Aplicada

Do ponto de vista prático, isso implica que:

- **Líderes precisam aprender a reconhecer seus próprios estados emocionais antes de decidir.** *A autoconsciência é um recurso neurobiológico que permite reverter o sequestro da amígdala e retomar o comando racional.*
- **Treinamentos em mindfulness, regulação emocional e inteligência afetiva** *podem fortalecer a comunicação entre os sistemas límbico e executivo, melhorando a qualidade decisória.*
- **Ambientes de trabalho emocionalmente seguros** *reduzem a hiperatividade límbica nos colaboradores, o que favorece decisões mais criativas, colaborativas e menos defensivas.*
- **Tomar decisões em grupo, com tempo adequado para reflexão**, *diminui a dominância límbica e ativa regiões cerebrais associadas à empatia, perspectiva social e resolução construtiva de conflitos.*

Conclui-se, portanto, que **liderar bem é, também, regular bem.** *Um líder que compreende o papel do sistema límbico e atua conscientemente para integrar emoção e razão desenvolve uma inteligência decisória superior — que não apenas resolve problemas, mas* **cria cultura, inspira confiança e gera sustentabilidade humana nas escolhas.**

Página 5 — Como o Cérebro Processa Comandos, Ideias e Palavras

A comunicação é a ferramenta fundamental da liderança. Um líder não conduz apenas por decisões, mas principalmente por **palavras — ditas, omitidas, escritas, repetidas, sugeridas ou sentidas.** *E embora a comunicação*

NeuroLiderança Aplicada

*seja frequentemente tratada como uma habilidade externa, a neurociência revela que ela é, antes de tudo, um **processo interno e neurológico**. Compreender como o cérebro processa comandos, ideias e palavras permite ao líder estruturar diálogos mais eficazes, claros e neurocompatíveis.*

O cérebro humano interpreta a linguagem por meio de um circuito altamente integrado que envolve múltiplas áreas corticais. As regiões clássicas associadas à linguagem são:

- *__Área de Broca__ (localizada no lobo frontal esquerdo): responsável pela produção da fala, articulação verbal e elaboração sintática.*
- *__Área de Wernicke__ (lobo temporal esquerdo): responsável pela compreensão da linguagem, significados e vocabulário.*
- *__Córtex auditivo primário__ (giro temporal superior): responsável pela recepção do som.*
- *__Córtex pré-frontal dorsolateral__: integra linguagem, intenção e contexto, modulando o impacto comunicativo.*

*Estudos com neuroimagem funcional demonstram que, ao ouvir uma instrução verbal, **o cérebro processa mais do que as palavras — ele interpreta o tom, o ritmo, o contexto e a carga emocional**. Isso significa que a forma como um líder se comunica **muda radicalmente a forma como sua mensagem será codificada neuralmente pelos ouvintes**.*

Do ponto de vista da liderança, três conceitos-chave emergem desse entendimento:

NeuroLiderança Aplicada

1. Comandos verbais ativam circuitos motores

Pesquisas mostram que instruções verbais como "faça isso", "concentre-se", "acelere" ou "pare" ativam não apenas áreas linguísticas, mas também o **córtex motor** do ouvinte, preparando o corpo para a ação. Entretanto, se essas ordens forem ditas de forma ameaçadora, ríspida ou em tom impositivo, ocorre uma ativação paralela da **amígdala**, o que gera um conflito neurobiológico entre ação e medo. Isso reduz o desempenho e a motivação.

Aplicação: líderes devem cuidar da **forma e do tom** com que emitem comandos. A mesma instrução pode gerar cooperação ou resistência, a depender de como é verbalizada.

2. Palavras com conteúdo emocional moldam a memória e o comportamento

A linguagem não é neutra. Palavras associadas a emoções — positivas ou negativas — ativam o sistema límbico e são mais facilmente memorizadas. Expressões como "confio em você", "isso é inaceitável", "você é parte importante da equipe" ou "isso me decepcionou" geram reações químicas que influenciam comportamentos futuros.

O uso repetido de palavras de validação ativa o circuito de **recompensa dopaminérgico**, gerando mais engajamento. Por outro lado, palavras de ameaça ou desprezo ativam o circuito do **estresse e retraimento**.

Aplicação: o vocabulário do líder **constrói clima emocional e memória coletiva**. Escolher bem as palavras é um ato de neurogestão.

3. Narrativas ativam múltiplas regiões cerebrais simultaneamente

*Contar histórias, metáforas e exemplos práticos ativa não apenas as áreas de linguagem, mas também o **córtex visual, motor e somatossensorial**, dependendo do conteúdo da narrativa. Isso gera uma experiência multissensorial no cérebro do ouvinte, ampliando a retenção e o impacto.*

Aplicação: *líderes que comunicam ideias complexas por meio de **narrativas envolventes** têm maior capacidade de influenciar e inspirar.*

*Além desses aspectos, estudos demonstram que o cérebro humano **capta incongruências** entre linguagem verbal e não verbal. Se um líder diz que confia na equipe, mas seu tom é controlador ou seu olhar é de julgamento, o sistema límbico do ouvinte detecta a discrepância — e ativa a desconfiança.*

*Outro fator relevante é a **carga cognitiva das mensagens**. Instruções longas, ambíguas ou excessivamente técnicas geram sobrecarga no **córtex pré-frontal**, diminuindo a capacidade de retenção e aumentando o risco de erro. Por isso, o princípio da **simplicidade neurocompatível** (comunicar com clareza, pausas, linguagem acessível e sequencial) é um diferencial de líderes eficazes.*

*Em resumo, comunicar com excelência exige mais do que articulação verbal: exige **consciência sobre o impacto neurológico da linguagem**. Palavras constroem ou destroem estados internos. O cérebro do outro responde à* sua comunicação antes mesmo que ele perceba racionalmente.

E isso faz da fala do líder um instrumento de transformação ou de retração.

A escolha — e o impacto — está em cada frase.

Página 6 — Comunicação Não Verbal sob o Olhar da Neurociência

A comunicação humana é predominantemente **não verbal**. Estudos clássicos de Albert Mehrabian apontam que, em determinadas situações emocionais, até 93% da comunicação interpessoal pode ser atribuída a componentes não verbais, como tom de voz, postura corporal, gestos e expressões faciais. Embora esse número varie conforme o contexto, a neurociência contemporânea confirma que **o cérebro humano processa sinais não verbais de forma automática, rápida e muitas vezes inconsciente**, influenciando julgamentos, decisões e reações emocionais em milissegundos.

Para líderes e gestores, compreender os mecanismos neurológicos por trás da comunicação não verbal é essencial, pois sua postura, gestos e expressões **transmitem informações emocionais e relacionais com maior impacto do que o conteúdo verbal em si.**

1. A rota subcortical da detecção emocional

O cérebro humano é dotado de um sistema de detecção rápida de ameaças e intenções sociais. A **amígdala**, como já *explorado, desempenha papel central nesse processo. Quando o cérebro identifica expressões de raiva, desprezo ou desconfiança em um rosto, mesmo que por breves segundos, ele ativa o circuito de alarme, o que influencia a forma como o receptor se comportará em seguida — geralmente com retração, defesa ou oposição.*

Esse sistema opera por meio da **rota subcortical talâmica-amigdalar***, que permite a leitura de pistas faciais antes mesmo do processamento consciente. Ou seja,* **o corpo do outro sente o que você comunica com o seu corpo antes que a mente compreenda.**

Aplicação prática*: um líder que diz "tudo está bem" com os ombros tensos, a mandíbula cerrada e o olhar disperso transmite incoerência. A equipe não confia na mensagem, mesmo que não saiba explicar por quê.*

2. O papel da expressão facial e dos microssinais

As expressões faciais são universalmente reconhecidas e culturalmente validadas. Paul Ekman, referência mundial no estudo das emoções, identificou sete expressões básicas (alegria, tristeza, raiva, surpresa, medo, nojo e desprezo), todas associadas a **ativação automática de áreas como a amígdala, o córtex visual e o córtex orbitofrontal***.*

Além das expressões plenas, existem os **microssinais faciais** *— contrações musculares rápidas e involuntárias que revelam o estado emocional real da pessoa. Mesmo que durem menos de 0,5 segundo, o cérebro social do observador é capaz de captá-los inconscientemente, influenciando suas percepções e decisões.*

NeuroLiderança Aplicada

Aplicação prática: líderes precisam desenvolver **consciência facial** e congruência emocional. Treinamentos em inteligência não verbal permitem alinhar expressões com a intenção comunicativa.

3. Postura corporal e liderança implícita

A postura transmite segurança, autoridade, abertura ou vulnerabilidade, muito antes de qualquer palavra ser dita. Estudos em **neurociência comportamental**, como os de Amy Cuddy, indicam que posturas expansivas (ombros abertos, queixo levemente erguido, mãos visíveis) estão associadas à liberação de **testosterona** (confiança) e redução de **cortisol** (estresse), enquanto posturas contraídas promovem o oposto.

Importante destacar que **não se trata de teatralidade ou imposição física**, mas de coerência corporal. Um líder que se move com presença, escuta com o corpo, sinaliza atenção com inclinação sutil e sustenta o espaço com naturalidade transmite autoridade serena — e o cérebro social do grupo responde com mais confiança e abertura.

Aplicação prática: ambientes de liderança exigem **posturas de alinhamento corporal**, e não de dominância artificial. Autenticidade e regulação emocional geram coerência postural.

4. Tom de voz, ritmo e prosódia

O cérebro humano é altamente sensível à **prosódia** — as qualidades musicais da fala, como entonação, volume, velocidade e pausas. Essas características são processadas,

22

em parte, no hemisfério direito, e transmitem informações emocionais mais rapidamente do que o conteúdo linguístico.

Tons agressivos, apressados ou secos ativam a **resposta de ameaça**, mesmo que o conteúdo verbal seja neutro. Já tons calmos, com ritmo modulável e pausas conscientes, promovem regulação límbica no receptor.

Aplicação prática: o tom do líder é **regulador do estado emocional do grupo.** Cuidar da prosódia é parte da inteligência comunicacional aplicada.

5. Congruência e coerência neurobiológica

A chave da comunicação não verbal eficaz está na **congruência entre intenção, emoção e expressão.** Quando o cérebro receptor detecta alinhamento entre linguagem corporal, facial, vocal e verbal, ativa circuitos de confiança e conexão. Quando há incoerência, ativa circuitos de proteção e distanciamento.

Aplicação prática: o líder eficaz não finge expressões — ele regula internamente seu estado emocional para que a comunicação externa seja ***espelho da sua integridade interna.***

Em suma, o corpo fala. E fala primeiro. Líderes conscientes de sua linguagem não verbal influenciam não apenas com palavras, mas com **presença ativa, coerência emocional e segurança neurocomunicacional.** Liderar é também aprender a falar com o corpo — e a escutar com os olhos.

Página 7 — Escuta Ativa, Espelhamento e Neurônios-Espelho

Se comunicar é uma via de duas mãos. Embora o foco da liderança muitas vezes esteja na fala, nos comandos e na emissão de mensagens, a **escuta ativa** é uma das habilidades mais complexas, transformadoras e neurológica e socialmente sofisticadas que um líder pode desenvolver. Não se trata apenas de ouvir palavras, mas de **acolher significados, detectar emoções, validar experiências e regular relações.**

Do ponto de vista neurocientífico, a escuta ativa está associada a três grandes eixos de funcionamento cerebral:

1. **Circuitos de atenção e cognição social**
2. **Ativação dos neurônios-espelho**
3. **Regulação límbica e construção de empatia**

Cada um desses eixos se articula de maneira interdependente, transformando o ato de escutar em um processo ativo, sensível e neurologicamente engajado.

1. Escuta ativa como regulação emocional e vínculo

Escutar ativamente não é simplesmente ficar em silêncio enquanto a outra pessoa fala. É um processo que exige **presença plena, atenção dirigida, empatia e autorregulação emocional.** Estudos de neuroimagem *demonstram que, durante a escuta empática, o cérebro do ouvinte ativa as mesmas áreas do emissor, como o **córtex pré-frontal ventromedial, o córtex temporal superior e o sistema límbico**. Esse fenômeno é conhecido como **acoplamento neural**.*

Esse acoplamento gera um sentimento de sincronização biológica e emocional, promovendo segurança psicológica, confiança e abertura no interlocutor.

***Aplicação prática**: líderes que praticam escuta ativa aumentam a qualidade das relações, reduzem defesas emocionais e criam contextos mais colaborativos.*

2. Neurônios-espelho e o fenômeno do espelhamento social

*Os neurônios-espelho, descobertos nas décadas de 1990 por Giacomo Rizzolatti e sua equipe, são um tipo específico de célula neural que se ativa tanto quando um indivíduo executa uma ação quanto quando observa outra pessoa realizando a mesma ação. Essa descoberta demonstrou, de forma contundente, a **base neurológica da empatia e da aprendizagem social.***

*No contexto da escuta ativa, o sistema de neurônios-espelho é ativado quando o líder se conecta genuinamente com o estado emocional do outro. O cérebro "simula internamente" a experiência do outro, criando empatia real, não apenas cognitiva, mas **neuroafetiva.***

***Aplicação prática**: líderes que desenvolvem a habilidade de espelhamento (por meio da escuta, postura corporal aberta, contato visual e validação emocional) geram maior engajamento, pertencimento e alinhamento emocional.*

3. Validação neuroafetiva e regulação límbica

Ao sentir-se escutado de forma ativa e respeitosa, o interlocutor ativa em seu cérebro a liberação de **oxitocina** (hormônio da conexão social), o que reduz o nível de **cortisol** (hormônio do estresse) e melhora a integração entre o sistema límbico e o córtex pré-frontal.

Ou seja, a escuta ativa tem efeito terapêutico: **ela regula estados emocionais disfuncionais, acalma sistemas nervosos hiperativos e amplia a capacidade de reflexão.** Líderes que escutam bem aumentam a performance emocional e cognitiva da equipe.

Aplicação prática: em situações de conflito, oferecer escuta ativa é mais eficaz para desescalar tensões do que tentar impor soluções imediatas.

4. Barreiras neurocognitivas à escuta

O cérebro humano escuta menos do que se imagina. Em ambientes de alta carga cognitiva, estresse ou estímulo multitarefa, o **córtex pré-frontal dorsolateral**, responsável pela atenção executiva, sofre sobrecarga. Isso gera **escuta parcial, reativa ou seletiva.**

Além disso, mecanismos de viés cognitivo, como confirmação, julgamento rápido e filtragem emocional, interferem na neutralidade da escuta.

Aplicação prática: líderes precisam desenvolver a **metacognição** — a capacidade de perceber quando estão escutando de fato ou apenas aguardando sua vez de falar.

5. Escuta como ferramenta estratégica de liderança

A escuta ativa gera:

- Melhora na qualidade das decisões (pela inclusão de múltiplas perspectivas)
- Aumento da confiança entre líder e liderados
- Redução de erros e retrabalho
- Maior retenção de talentos
- Cultura organizacional baseada em segurança psicológica

Além disso, líderes que escutam criam **ambientes onde a criatividade emerge**, pois os membros da equipe sentem-se vistos, respeitados e validados — necessidades neurobiológicas fundamentais.

Em síntese, escutar não é passividade.
É **um ato neurobiológico de liderança ativa.**
É espelhar com presença.
É sentir com consciência.
É transformar o silêncio em elo.

E no mundo da liderança moderna, talvez **ouvir profundamente seja o novo poder.**

NeuroLiderança Aplicada

Página 8 — A Química da Motivação: Dopamina, Serotonina e Oxitocina

Liderar não é apenas organizar tarefas e alcançar metas. Liderar, na essência, é **inspirar movimento humano com significado**. Por isso, compreender os fundamentos neuroquímicos da motivação é fundamental para gestores que desejam influenciar de forma ética, eficaz e sustentável. O cérebro humano é uma máquina emocional e química: ele se move, age, aprende e se compromete com base em **neurotransmissores** que regulam estados afetivos, desejos, recompensas e vínculos.

Nesta página, exploramos três dos principais mensageiros químicos da motivação e seu papel na liderança:

1. Dopamina — O Motor da Antecipação e do Prazer

A dopamina é um neurotransmissor amplamente associado à **motivação, expectativa, aprendizado por recompensa e ação orientada a objetivos**. Diferente do senso comum que a associa apenas ao prazer, a dopamina está muito mais relacionada à **antecipação da recompensa** do que à recompensa em si.

Pesquisas com ressonância magnética funcional (fMRI) mostram que a dopamina é liberada quando há **previsibilidade, desafio adequado e possibilidade de conquista**. Esse sistema é conhecido como **circuito de recompensa dopaminérgico**, envolvendo o **núcleo accumbens**, área **tegmental ventral (VTA)** e o **córtex pré-frontal**.

Aplicações em liderança:

NeuroLiderança Aplicada

- *Definir **metas desafiadoras, mas atingíveis**, eleva o nível de dopamina e, com isso, o engajamento.*
- ***Reconhecimento imediato**, mesmo que simples, ativa esse sistema e fortalece comportamentos positivos.*
- *Quebrar projetos longos em **microconquistas** mantém o cérebro motivado por antecipação frequente de recompensas.*

Risco: ambientes com metas inalcançáveis ou promessas não cumpridas desregulam o sistema dopaminérgico, gerando frustração crônica, desmotivação e retraimento.

2. Serotonina — O Regulador do Bem-Estar e da Estabilidade

A serotonina está relacionada à **regulação do humor, estabilidade emocional, sono, apetite e sensação de satisfação duradoura**. Diferente da dopamina, que é aguda e orientada à ação, a serotonina promove **sustentação emocional e equilíbrio interno**.

Níveis adequados de serotonina estão associados a ambientes que promovem **justiça, valorização, autonomia e senso de pertencimento**. Em contextos organizacionais, a serotonina regula a **resiliência emocional, a flexibilidade cognitiva e a adaptação a mudanças**.

Aplicações em liderança:

- *Construir **relações de confiança estável** aumenta a disponibilidade de serotonina na equipe.*
- *Evitar humilhações públicas ou comparações destrutivas preserva o equilíbrio neuroquímico.*
- *Um líder com discurso coerente e previsibilidade de conduta gera **segurança neuroafetiva**.*

NeuroLiderança Aplicada

Risco: *ambientes com alta instabilidade emocional, desconfiança ou microagressões reduzem os níveis de serotonina, o que favorece comportamentos ansiosos, defensivos e isolados.*

3. Oxitocina — O Hormônio da Confiança e do Vínculo

A oxitocina é frequentemente chamada de **"molécula da confiança"**, e está envolvida na formação de laços sociais, empatia e comportamento pró-social. Ela é liberada em situações de **acolhimento, escuta ativa, contato físico respeitoso, palavras de afeto e reconhecimento emocional.**

No cérebro, a oxitocina modula a atividade da amígdala, reduzindo reações de medo e aumentando a propensão à cooperação. Equipes com **alta coesão e segurança psicológica** operam com níveis mais elevados desse hormônio.

Aplicações em liderança:

- Estimular **cultura de cuidado, escuta e apoio mútuo** aumenta a produção de oxitocina.
- Práticas de **feedback empático e validação emocional** fortalecem vínculos e comprometimento.
- Líderes emocionalmente presentes ativam, nos outros, a confiança via mecanismos neuroquímicos.

Risco: *relações frias, despersonalizadas ou autoritárias suprimem a produção de oxitocina, o que enfraquece vínculos e aumenta a rotatividade.*

NeuroLiderança Aplicada

Integração dos Sistemas

A motivação eficaz não depende de um único neurotransmissor. **Ela surge da orquestração dinâmica entre dopamina, serotonina e oxitocina.** *Um ambiente que desafia (dopamina), oferece estabilidade emocional (serotonina) e promove vínculos de confiança (oxitocina) é neurologicamente ideal para o florescimento de equipes criativas, resilientes e comprometidas.*

Líderes conscientes disso não manipulam — **eles moldam o ambiente com intenção, sensibilidade e embasamento científico.** *A motivação não é grito. É sintonia. É linguagem química — e, acima de tudo,* **relacional.**

Página 9 — Liderança Motivacional e Ciclos de Recompensa

No cerne da motivação humana está a expectativa de recompensa. Essa recompensa pode ser material, emocional, simbólica ou social, mas sempre ativa, de forma direta ou indireta, os circuitos neurológicos que determinam o comportamento, a persistência e a direção da ação. Para o líder moderno, compreender os **ciclos de recompensa** *é fundamental para manter equipes engajadas, resilientes e em constante desenvolvimento.*

1. Cérebro motivado: entre o desejo e a antecipação

O cérebro humano opera sob um princípio fundamental: **tendência a buscar prazer e evitar dor.** *Essa lógica é codificada neurobiologicamente nos sistemas de recompensa, regulados por dopamina, mas também modulados por* **áreas específicas do cérebro***, como:*

NeuroLiderança Aplicada

- *Área Tegmental Ventral (VTA)*
- *Núcleo Accumbens (NAc)*
- *Córtex orbitofrontal*
- *Córtex pré-frontal dorsolateral*

Essas estruturas funcionam de maneira integrada para avaliar estímulos, antecipar resultados positivos e mobilizar energia para a ação. No ambiente de trabalho, o cérebro associa recompensas com fatores como:

- *Reconhecimento*
- *Avanço de carreira*
- *Sucesso de um projeto*
- *Atribuições desafiadoras*
- *Aprovação social*

O líder que entende essa dinâmica aprende a estruturar **ambientes que ativam a expectativa positiva**, *mantendo a equipe em estado de aprendizado, foco e disposição.*

2. Fases do ciclo de recompensa

O ciclo neurológico da recompensa se divide em três momentos:

1. **Antecipação (fase de desejo)**

   A dopamina é liberada em grandes quantidades quando o cérebro prevê uma recompensa futura. Essa fase é crucial, pois é nela que se ativa o movimento — o comportamento orientado para o objetivo.

2. **Consumo (fase de realização)**

Ocorre quando a recompensa é efetivamente recebida. Nessa etapa, há ativação de áreas relacionadas ao prazer imediato.

3. **Pós-recompensa (fase de aprendizado ou frustração)**

O cérebro avalia se a recompensa foi suficiente, justa ou satisfatória. Isso modula futuras expectativas e padrões de comportamento.

Aplicação em liderança:

Muitos líderes erram ao entregar recompensas desproporcionais, tardias ou descontextualizadas. Isso **desregula o ciclo** e diminui a motivação futura. Por outro lado, reconhecer resultados imediatamente após um esforço relevante fortalece o circuito dopaminérgico e aumenta o engajamento.

3. Recompensas extrínsecas vs. intrínsecas

A neurociência diferencia dois grandes tipos de motivação:

- **Extrínseca**: orientada por recompensas externas (salário, bônus, promoções)
- **Intrínseca**: movida por satisfação pessoal, propósito, maestria e pertencimento

Pesquisas indicam que a **motivação intrínseca ativa áreas do cérebro mais associadas à autorregulação e ao senso de identidade**, como o córtex medial pré-frontal. Quando o

NeuroLiderança Aplicada

colaborador sente que está aprendendo, crescendo e contribuindo com algo significativo, sua motivação torna-se mais resiliente e autossustentável.

Aplicação prática:

*O líder eficaz **não substitui uma pela outra**, mas **equilibra ambas**. Recompensas extrínsecas devem ser justas e transparentes, enquanto as intrínsecas devem ser cultivadas com significado e autonomia.*

4. O perigo da habituação e da recompensa previsível

*O cérebro humano tende à **habitação dopaminérgica**. Recompensas previsíveis e constantes perdem o efeito motivador. Por isso, **o fator surpresa e a variabilidade** são poderosos aliados para manter os circuitos de recompensa responsivos.*

Exemplo prático:

Pequenos reconhecimentos inesperados, elogios espontâneos, oportunidades não anunciadas, todos esses gestos ativam áreas de prazer que mantêm o sistema engajado e curioso.

5. A liderança como geradora de sentido, não apenas de estímulos

Mais do que um distribuidor de incentivos, o líder é um **estrategista da motivação neuroafetiva.** Seu papel é estruturar:

- *Desafios progressivos*
- *Reconhecimento autêntico*
- *Feedbacks que gerem crescimento*
- *Oportunidades de desenvolvimento*
- *Espaço para autonomia, contribuição e evolução*

Esses elementos mantêm o cérebro em ciclos saudáveis de antecipação, ação e gratificação — reduzindo a apatia e promovendo performance com bem-estar.

Conclusão

A liderança motivacional eficaz não se resume à carisma ou discurso. Ela exige conhecimento dos **ciclos cerebrais de recompensa***, clareza sobre o que ativa a energia humana e sensibilidade para oferecer o estímulo certo, no momento certo, da maneira certa.*

Porque motivar não é empurrar.
É **construir experiências que o cérebro reconhece como valiosas.**
E isso, quando feito com consciência, transforma líderes em desenvolvedores de potencial humano.

NeuroLiderança Aplicada

Página 10 — O Papel da Empatia e da Regulação Emocional no Comando

Liderar exige mais do que habilidades técnicas e competência estratégica. Exige a capacidade de compreender o outro e de sustentar estabilidade interna mesmo em contextos de tensão. Essas duas habilidades — **empatia** e **regulação emocional** — são pilares da liderança consciente e têm base sólida em circuitos cerebrais específicos. Quando bem desenvolvidas, elas impactam diretamente a qualidade das decisões, dos relacionamentos e da cultura organizacional.

1. Empatia: um fenômeno neurobiológico e estratégico

A empatia, no contexto da neurociência, não é uma abstração ética. É um conjunto de processos cerebrais que permitem reconhecer, simular e compreender os estados emocionais dos outros. Envolve principalmente:

- **Sistema de neurônios-espelho** (áreas motoras e sensoriais): responsáveis pela simulação interna da emoção alheia.
- **Córtex pré-frontal ventromedial e orbitofrontal**: responsáveis pela integração de emoção, tomada de decisão social e julgamento moral.
- **Ínsula e amígdala**: ativadas na percepção da dor ou sofrimento do outro.

A empatia pode ser dividida em dois componentes:

- **Empatia afetiva**: sentir o que o outro sente, de forma automática.

NeuroLiderança Aplicada

- **Empatia cognitiva**: *compreender intelectualmente o estado emocional do outro, mantendo a distinção entre eu e o outro.*

Aplicação prática na liderança:

Líderes empáticos captam sinais sutis do ambiente, ajustam sua comunicação, previnem conflitos e aumentam o engajamento da equipe. Equipes lideradas com empatia têm maiores índices de lealdade, colaboração e criatividade.

Alerta: *o excesso de empatia afetiva sem regulação pode levar à fadiga emocional. Por isso, a empatia deve ser acompanhada da próxima competência:* **regulação emocional.**

2. *Regulação emocional: liderança com estabilidade neuroafetiva*

A regulação emocional refere-se à capacidade de **reconhecer, nomear, modular e expressar emoções de forma adequada.** *Neuroanatomicamente, ela depende de circuitos entre:*

- **Sistema límbico** *(principalmente a amígdala, responsável pela reatividade emocional)*
- **Córtex pré-frontal dorsolateral e ventromedial** *(região responsável pelo controle inibitório, julgamento e tomada de decisões)*
- **Córtex cingulado anterior** *(monitoramento de conflitos e equilíbrio entre emoção e razão)*

NeuroLiderança Aplicada

*Em momentos de estresse, se o **córtex pré-frontal for inibido pela hiperatividade da amígdala**, o indivíduo perde a capacidade de avaliar com clareza, tende a agir por impulso e compromete sua comunicação. Esse fenômeno, conhecido como "sequestro da amígdala", é um dos principais inimigos da liderança eficaz.*

Aplicação prática na liderança:

Líderes que se regulam emocionalmente conseguem:

- *Tomar decisões com clareza sob pressão*
- *Evitar reações impulsivas ou agressivas*
- *Oferecer escuta e presença mesmo em conflitos*
- *Servir como ponto de estabilidade para a equipe*

3. O impacto coletivo da empatia e da regulação

Ambientes liderados com empatia e regulação emocional ativa geram:

- **Redução do turnover**
- **Aumento da segurança psicológica**
- **Melhoria da comunicação horizontal**
- **Maior abertura à inovação e à vulnerabilidade construtiva**

*Pesquisas de Daniel Goleman, Richard Boyatzis e outros especialistas em inteligência emocional demonstram que líderes com alta competência emocional ativam nos colaboradores **redes neurais associadas ao bem-estar, à colaboração e ao aprendizado social.***

Ambientes sem empatia e com baixa regulação emocional, por outro lado, ativam no cérebro dos colaboradores o **modo de sobrevivência**, baseado em cortisol e hiperalerta. Isso gera climas de medo, retração e cinismo organizacional.

4. Como desenvolver essas competências neuroemocionais

A empatia e a regulação emocional podem ser treinadas, com base no conceito de **neuroplasticidade**. Algumas práticas recomendadas incluem:

- **Treinamento em mindfulness** *(aumenta a ativação do córtex pré-frontal e reduz a reatividade da amígdala)*
- **Journaling emocional** *(escrita reflexiva que estimula o reconhecimento emocional)*
- **Supervisão emocional e feedback 360°**
- **Role playing e análise de casos reais de liderança sob pressão**
- **Técnicas de respiração diafragmática para modulação do sistema nervoso autônomo**

Conclusão

A liderança eficaz do século XXI exige mais do que competência técnica. Ela exige **inteligência relacional sustentada por inteligência neuroemocional.** *O líder que compreende a empatia como conexão legítima e a regulação emocional como domínio interno constrói mais do que resultados — constrói confiança, longevidade e impacto humano duradouro.*

NeuroLiderança Aplicada

*Porque antes de comandar, é preciso **compreender**.*
*E antes de transformar o mundo externo, é preciso **regular o universo interno**.*

Página 11 — Intuição e Lógica: O Cérebro Executivo do Líder

Tomar decisões está no coração da liderança. Todos os dias, líderes decidem o que priorizar, como agir, com quem delegar, quando recuar e onde avançar. Embora essas decisões possam parecer racionais e deliberadas, a neurociência revela que a maior parte delas resulta da **interação dinâmica entre os sistemas intuitivo e analítico** do cérebro — ambos essenciais, mas profundamente distintos em sua natureza, velocidade e base funcional.

O **cérebro executivo** é a sede dessas escolhas. Ele é sustentado por uma rede de regiões cerebrais que inclui:

- **Córtex pré-frontal dorsolateral (CPFDL)** – responsável pelo raciocínio lógico, planejamento, inibição de impulsos e resolução de problemas complexos.
- **Córtex orbitofrontal e ventromedial** – processam valor emocional das decisões, risco social e memória afetiva de experiências passadas.
- **Rede de modo padrão (default mode network)** – ativada em momentos de introspecção, reflexão espontânea e formulação intuitiva.
- **Sistema límbico (amígdala e hipocampo)** – armazena aprendizados emocionais e experiências anteriores que influenciam a intuição.

NeuroLiderança Aplicada

1. Dois sistemas cognitivos: Sistema 1 e Sistema 2

O modelo proposto por **Daniel Kahneman** no livro "Thinking, Fast and Slow" descreve dois modos de funcionamento cognitivo:

- **Sistema 1 (intuitivo, automático, rápido):**

    Opera com base em padrões pré-estabelecidos, emoções, experiências anteriores e julgamentos instantâneos. Está ligado à sobrevivência e à resposta rápida.

- **Sistema 2 (lógico, deliberativo, lento):**

    Atua com raciocínio lógico, comparação de alternativas, ponderação de consequências e esforço cognitivo. É mais exigente energeticamente e mais lento.

Ambos são necessários. Em contextos de urgência ou alta familiaridade, o Sistema 1 é eficiente. Em decisões complexas, éticas ou estratégicas, o Sistema 2 deve ser ativado conscientemente.

Líderes eficazes desenvolvem a habilidade de perceber em qual sistema estão operando — e migram conscientemente quando necessário.

NeuroLiderança Aplicada

2. *A intuição como inteligência acumulada*

Intuição não é adivinhação. **É o resultado da consolidação de padrões neurais aprendidos por repetição e experiência.** O cérebro reconhece situações familiares e antecipa respostas com base em esquemas já vivenciados. Essa habilidade envolve estruturas como:

- **Hipocampo** – memória episódica e reconhecimento de padrões
- **Córtex orbitofrontal** – previsão de consequências
- **Amígdala** – avaliação emocional rápida

A intuição é mais precisa em contextos em que o líder tem alta expertise, mas **pode ser enganosa em ambientes novos, ambíguos ou emocionalmente carregados.**

Aplicação prática: líderes experientes devem confiar em sua intuição — mas validá-la com dados sempre que possível.

3. *A lógica como contrapeso necessário*

O raciocínio lógico envolve ativação do **córtex pré-frontal dorsolateral**, que permite:

- *Simular cenários futuros*
- *Avaliar prós e contras*
- *Inibir reações impulsivas*
- *Estimar riscos e incertezas*
- *Integrar múltiplas variáveis em análise estratégica*

Contudo, o **excesso de racionalidade**, sem consideração das emoções e da intuição, pode paralisar o processo *decisório, gerar indecisão crônica e desconectar o líder da equipe.*

Aplicação prática: *use o raciocínio lógico para decisões estruturais, de longo prazo ou com alto impacto coletivo. Combine dados com percepção contextual.*

4. Conflito entre os sistemas e tomada de decisão sob pressão

Sob estresse ou pressão extrema, a conexão entre o sistema límbico (reação emocional) e o córtex pré-frontal (regulação racional) pode se romper — um fenômeno conhecido como **inibição do executivo.** *O líder, então, recorre a padrões automáticos e emocionais, mesmo quando seriam inadequados ao contexto.*

Aplicação prática: *líderes que treinam autorregulação e autoconsciência conseguem reativar o circuito racional em meio ao caos — uma habilidade crítica em tempos de crise.*

5. Como fortalecer o cérebro executivo do líder

- **Exercícios de tomada de decisão sob simulação** (cenários hipotéticos)
- **Diários reflexivos** (análise das próprias decisões e seus efeitos)
- **Mindfulness** (aumenta a espessura cortical do CPFDL e melhora a integração emocional)
- **Treinamento em inteligência emocional e ética reflexiva**

NeuroLiderança Aplicada

Conclusão

A excelência na liderança não está em escolher entre razão ou intuição — está em **integrá-las com consciência**. O cérebro do líder eficaz é aquele que reconhece seus impulsos, valida sua experiência e aplica lógica quando necessário. Ele não reage — **responde**.

Liderar bem é, antes de tudo, **decidir bem**. E decidir bem é um ato de equilíbrio entre **o sentir e o pensar**.

Página 12 — Vieses Cognitivos e Julgamento sob Pressão

Líderes tomam decisões constantemente — algumas pequenas e cotidianas, outras estratégicas e de alto impacto. A expectativa comum é que essas decisões sejam racionais, objetivas e fundamentadas. No entanto, a neurociência cognitiva demonstra que **nenhuma decisão humana está completamente livre de distorções mentais inconscientes** chamadas **vieses cognitivos**.

Vieses são **atalhos mentais** utilizados pelo cérebro para economizar energia, acelerar julgamentos e aumentar a previsibilidade em ambientes complexos. Embora muitas vezes úteis, esses atalhos também podem **gerar erros sistemáticos de percepção, avaliação e decisão**, sobretudo em contextos de estresse, ambiguidade ou excesso de estímulos.

NeuroLiderança Aplicada

1. A base neural dos vieses

Os vieses surgem da forma como o cérebro processa informações em situações de incerteza. Envolvem a interação entre:

- **Córtex pré-frontal dorsolateral** – responsável por análises lógicas e julgamento.
- **Sistema límbico** – fonte de emoções rápidas e associações automáticas.
- **Córtex orbitofrontal** – integração entre emoção e valor subjetivo das escolhas.
- **Córtex cingulado anterior** – detecção de conflito entre expectativa e realidade.

Quando a capacidade cognitiva do líder está sobrecarregada — por pressão, fadiga ou multitarefa — o cérebro ativa **atalhos mentais automáticos** como forma de autoproteção e economia de recursos.

2. Principais vieses que afetam a liderança

1. **Viés de confirmação**
   Tendência a buscar, interpretar e lembrar informações que confirmem crenças pré-existentes.
   Impacto na liderança: Ignorar dados que contradizem estratégias preferidas.
2. **Viés da ancoragem**
   Dependência excessiva do primeiro dado recebido (âncora) ao tomar uma decisão.
   Exemplo: um número citado no início de uma negociação influencia todas as decisões seguintes.
3. **Viés de disponibilidade**
   Superestimação de informações facilmente

NeuroLiderança Aplicada

lembradas ou emocionalmente marcantes.
Exemplo: após um erro de um colaborador, o líder passa a vê-lo como incompetente, ignorando acertos anteriores.

4. **Efeito halo**
Julgamento global baseado em uma única característica positiva ou negativa.
Exemplo: considerar um colaborador altamente competente apenas por ser comunicativo.

5. **Viés de status quo**
Preferência por manter o cenário atual e evitar mudanças.
Risco: resistência à inovação ou recusa em ajustar estratégias ineficientes.

6. **Viés do grupo**
Tendência a concordar com a maioria para evitar conflitos ou exclusão.
Conseqüência: decisões consensuais frágeis, sem análise crítica profunda.

3. Julgamento sob pressão: quando o cérebro entra em modo de urgência

Em situações de crise, o cérebro ativa o **sistema de resposta ao estresse**, liberando cortisol e adrenalina. Isso reduz a atividade do **córtex pré-frontal** e aumenta a dominância de regiões mais reativas, como a **amígdala**. Resultado: a tomada de decisão torna-se impulsiva, rígida e baseada em emoções primárias como medo ou raiva.

Consequência na liderança: decisões apressadas, julgamentos emocionais, comunicação reativa e baixa precisão estratégica.

4. Como mitigar os vieses cognitivos na liderança

- **Consciência metacognitiva**: monitorar ativamente seus próprios pensamentos e julgamentos.
- **Diversidade de perspectivas**: consultar pessoas com visões e perfis diferentes.
- **Decisões em etapas**: dividir decisões complexas em microdecisões com tempo para reflexão.
- **Uso de dados objetivos**: equilibrar a intuição com informações verificáveis.
- **Prática de desaceleração**: técnicas como respiração consciente ou pausas estratégicas reduzem impulsividade.
- **Análise de decisões passadas**: revisar erros cometidos e identificar os vieses envolvidos.

Conclusão

Vieses não são defeitos. São **parte natural da arquitetura cognitiva humana**. No entanto, quando não reconhecidos, tornam-se obstáculos ocultos à clareza, à justiça e à efetividade da liderança. Líderes conscientes não buscam eliminar os vieses, mas **desenvolver uma relação crítica e inteligente com eles**.

Porque liderar bem não é ter certezas absolutas — é **saber questionar o próprio julgamento**.

NeuroLiderança Aplicada

Página 13 — O Cérebro sob Estresse: Limites e Respostas

O estresse, quando compreendido e gerenciado adequadamente, pode ser uma força impulsionadora. Entretanto, quando crônico, mal interpretado ou negligenciado, torna-se um dos maiores inimigos da performance, da saúde mental e da liderança eficaz. A neurociência oferece uma compreensão clara e objetiva sobre **como o estresse afeta o cérebro — especialmente as funções executivas essenciais à liderança.**

1. O que é estresse do ponto de vista neurobiológico?

Estresse é uma resposta fisiológica e neuroendócrina do organismo diante de uma situação percebida como desafiadora ou ameaçadora. Essa percepção pode ser objetiva (ex: risco real, prazos críticos) ou subjetiva (ex: pressão emocional, conflito interpessoal).

O estresse é regulado pelo **eixo hipotálamo–hipófise–adrenal (HHA)**, responsável pela liberação de **cortisol**, o principal hormônio do estresse. Essa liberação ocorre em sequência:

1. O **hipotálamo** detecta o estressor
2. Estimula a **hipófise anterior**
3. Ativa a **glândula adrenal**, que libera cortisol na corrente sanguínea

Essa cascata prepara o organismo para a ação, redirecionando sangue para músculos, elevando batimentos cardíacos, contraindo a digestão e **reduzindo a atividade do córtex pré-frontal.**

2. Áreas cerebrais afetadas pelo estresse

- **Amígdala** – hiperativada, aumenta vigilância e reatividade emocional
- **Hipocampo** – afetado negativamente pelo excesso de cortisol, prejudicando memória e aprendizado
- **Córtex pré-frontal** – inibido, reduz capacidade de planejamento, empatia, regulação emocional e julgamento moral

Conclusão importante: sob estresse elevado, o cérebro entra em **modo de sobrevivência**, comprometendo funções essenciais à liderança: escuta, visão estratégica, paciência, empatia e ponderação.

3. Estresse agudo vs. estresse crônico

- **Estresse agudo**: resposta breve e pontual. Pode ser benéfico e motivador (conhecido como eustresse). Estimula ação, foco e atenção.
- **Estresse crônico**: exposição prolongada a estressores sem tempo adequado de recuperação. Leva à exaustão física, emocional e cognitiva.

Líderes sob estresse crônico entram em estado de **hiperalerta constante**, o que os torna mais:

- Impulsivos
- Intolerantes
- Reativos
- Desconectados emocionalmente

NeuroLiderança Aplicada

4. *Efeitos organizacionais do estresse mal gerido*

- *Aumento de erros e acidentes*
- *Redução da criatividade e inovação*
- *Diminuição da colaboração*
- *Clima emocional negativo*
- *Afastamentos por esgotamento (burnout)*
- *Rotatividade elevada*

Ambientes em que o líder é o principal gerador de estresse se tornam **neurobiologicamente hostis***. O cérebro dos liderados opera sob ameaça, reduzindo a capacidade de raciocínio complexo e prejudicando a confiança interpessoal.*

5. *Estratégias baseadas em neurociência para líderes sob estresse*

1. **Pausas estratégicas conscientes**: *curtas respirações profundas ativam o* **sistema parassimpático**, *reduzindo cortisol e acalmando a amígdala.*
2. **Mindfulness e atenção plena**: *comprovadamente eficaz para restaurar a atividade do córtex pré-frontal e modular o sistema límbico.*
3. **Exercícios físicos regulares**: *aumentam BDNF (fator neurotrófico derivado do cérebro), que protege o hipocampo e reduz os efeitos do estresse.*
4. **Autopercepção emocional**: *reconhecer os sinais fisiológicos de estresse e nomear as emoções ativa áreas cerebrais responsáveis pela autorregulação (córtex insular e pré-frontal ventromedial).*
5. **Cultura de apoio mútuo**: *ambientes empáticos e colaborativos promovem liberação de oxitocina, que reduz a resposta de estresse.*

6. **Sono de qualidade**: essencial para a recuperação do sistema nervoso e para a consolidação de memória emocional.

Conclusão

Liderar sob estresse é inevitável — liderar com consciência sobre os efeitos do estresse é opcional. O líder que ignora o próprio estado interno compromete sua clareza, seu vínculo com a equipe e sua capacidade de decisão. Já o líder que reconhece seus limites, aplica estratégias neurocompatíveis e cultiva ambientes emocionalmente regulados torna-se **fonte de estabilidade em tempos de turbulência.**

Porque, ao final, o verdadeiro poder não está em resistir ao estresse.
Está em saber **como atravessá-lo sem perder sua humanidade, seu foco e sua presença.**

Página 14 — Formação de Equipes Coesas sob o Olhar da Neurociência

Construir uma equipe não é apenas reunir talentos individuais — é **criar um sistema de conexão, confiança, regulação emocional e segurança mútua.** A neurociência organizacional oferece hoje evidências sólidas de que o desempenho de uma equipe está diretamente ligado a fatores neurológicos e afetivos, que operam de forma muitas vezes invisível, porém determinante.

NeuroLiderança Aplicada

*Equipes de alta performance **não surgem apenas por competência técnica**. Elas florescem em contextos onde os cérebros dos indivíduos **se sentem seguros, reconhecidos, desafiados e emocionalmente acolhidos**. Esse estado coletivo é sustentado por uma combinação de redes neurais, hormônios sociais e padrões de interação que precisam ser compreendidos e cultivados conscientemente pelos líderes.*

1. Conexão social: o alicerce neurológico do grupo

O cérebro humano, conforme já explorado, é um **órgão social**. A necessidade de pertencimento é uma necessidade neurobiológica — não apenas emocional ou cultural. Pesquisas com ressonância magnética funcional (fMRI) mostram que a **exclusão social ativa o mesmo circuito cerebral da dor física**, especialmente o **córtex cingulado anterior**.

Em ambientes de equipe, a falta de inclusão, reconhecimento ou escuta ativa **gera sofrimento neurológico real**, o que prejudica a motivação, a criatividade e o desempenho coletivo.

Por outro lado, líderes que **reforçam vínculos positivos, promovem interações significativas e cultivam respeito mútuo**, ativam redes de recompensa social, como o **córtex orbitofrontal** e o sistema de **oxitocina**, facilitando a cooperação.

NeuroLiderança Aplicada

2. Sincronização cerebral: equipes que pensam juntas, crescem juntas

Estudos recentes em neurociência social (como os conduzidos por Uri Hasson e a equipe de Princeton) demonstram que, em equipes coesas, **há sincronização neural real entre os membros** durante reuniões, conversas e ações colaborativas. Esse fenômeno é conhecido como **"acoplamento neural interindividual."**

Essa sincronia aumenta quando há:

- Propósito compartilhado
- Comunicação clara e emocionalmente congruente
- Escuta ativa
- Ritual coletivo (ex: check-ins, trocas de feedback, decisões em conjunto)

O cérebro, ao operar em sincronia com outros, economiza energia, melhora a previsão de ações e cria **fluxo coletivo — o chamado team flow.**

3. Segurança psicológica: a base da inovação e do engajamento

Amy Edmondson, da Harvard Business School, define segurança psicológica como **o sentimento de poder se expressar, errar, discordar e arriscar sem medo de punição ou ridicularização.**

Neurobiologicamente, isso significa que **a amígdala (alarme cerebral)** permanece desativada, permitindo que o **córtex pré-frontal** atue com maior liberdade. É nesse estado que

53

NeuroLiderança Aplicada

surgem ideias criativas, interações construtivas e aprendizado profundo.

Líderes que punem o erro, controlam excessivamente ou ignoram a voz da equipe **reativam o modo de defesa do cérebro***, gerando apatia, conformismo e silêncio.*

4. Códigos afetivos compartilhados: o ambiente como moldador da mente

Toda equipe possui **uma cultura afetiva tácita** — um conjunto de comportamentos, reações emocionais e normas não ditas que regulam a convivência. Essa cultura é absorvida pelos cérebros dos membros através de **neurônios-espelho**, reforçada por repetição e armazenada como padrão relacional.

Exemplo: se um novo integrante observa que críticas são sempre feitas em público e de forma agressiva, seu cérebro aprenderá a **se defender, esconder falhas e evitar exposição**. Isso reduz o aprendizado e sabota a confiança.

Líderes, portanto, são **arquitetos emocionais da equipe**. Suas palavras, gestos, rituais e silêncios **ensinam o cérebro do grupo a operar de uma determinada forma.**

5. Aplicações práticas para formação de equipes neurocompatíveis

- Criar **rituais de escuta e validação emocional** nas reuniões

NeuroLiderança Aplicada

- Estimular **coautoria de metas**, promovendo dopamina por antecipação
- Garantir **previsibilidade e transparência** (reduz cortisol e ansiedade)
- Reforçar **conquistas coletivas**, ativando circuitos de recompensa social
- Corrigir falhas com firmeza, mas com respeito e foco no crescimento
- Estimular momentos de convivência e descontração (aumenta oxitocina e fortalece vínculos)

Conclusão

Formar uma equipe coesa vai além da gestão de tarefas. É **trabalhar com a matéria-prima da motivação, da conexão e da cognição compartilhada.** Quando o líder entende como o cérebro opera em grupo, ele se torna não apenas um gestor, mas um **facilitador de estados coletivos de alta performance emocional e cognitiva.**

Porque uma equipe de verdade **não pensa igual — mas pensa junto.**
E essa sincronia começa no cérebro — mas só floresce com liderança consciente.

Página 15 — Feedback, Recompensa e Punição: Efeitos Cerebrais

Todo líder, consciente ou não, atua como um modulador neuroquímico no ambiente que lidera. Suas palavras de reconhecimento, seus silêncios após uma entrega, sua forma de corrigir falhas — tudo isso ativa ou inibe circuitos cerebrais nos liderados. Compreender o **impacto cerebral do feedback, da recompensa e da punição** é essencial para construir uma cultura de aprendizado, pertencimento e alta performance.

1. O feedback como estímulo neuroemocional

O feedback eficaz não é apenas uma técnica de gestão — é uma **intervenção neurológica**. Quando bem conduzido, ativa redes cerebrais associadas ao reconhecimento, à antecipação de recompensa e à modulação emocional. As principais áreas envolvidas incluem:

- **Núcleo accumbens** – associado ao prazer e à motivação (feedback positivo)
- **Córtex cingulado anterior** – detecção de erro, conflito e ajuste de comportamento
- **Córtex pré-frontal dorsolateral** – aprendizado, planejamento e autorreflexão
- **Amígdala** – avaliação emocional (sobretudo em feedbacks negativos)

Feedback positivo bem formulado ativa o sistema dopaminérgico e fortalece o comportamento desejado.
Feedback negativo, se mal conduzido, ativa a amígdala e o sistema de ameaça, gerando fechamento, vergonha e defesa.

2. Recompensa: muito além do salário

O cérebro responde com intensidade à **antecipação e à entrega de recompensas**. Essa resposta é mediada por dopamina e influencia diretamente:

NeuroLiderança Aplicada

- A motivação para tarefas futuras
- O engajamento com o grupo e o propósito
- A retenção de talentos

Recompensas **imediatas e significativas** (ainda que simbólicas) têm impacto maior do que recompensas atrasadas ou desconectadas do valor percebido.

Aplicação prática: reconhecer publicamente conquistas específicas, criar marcos de celebração e valorizar progressos visíveis alimenta o sistema de recompensa cerebral da equipe.

3. Punição: efeitos colaterais neurológicos

Embora necessárias em casos extremos, punições ativam com intensidade o **eixo do estresse (hipotálamo–hipófise–adrenal)** e aumentam os níveis de **cortisol**. Isso compromete a memória de trabalho, a criatividade e a confiança organizacional.

Além disso, feedbacks punitivos ou humilhantes:

- Ativam a amígdala, gerando reatividade e defesa
- Reduzem a oxitocina, dificultando vínculos
- Inibem o hipocampo, reduzindo a capacidade de aprendizado

A punição, quando usada, deve ser **proporcional, privada, respeitosa e educativa.**

NeuroLiderança Aplicada

4. Feedback corretivo neurocompatível: princípios

Um feedback eficaz e neurocompatível deve seguir alguns princípios:

- **Contexto de segurança emocional:** o receptor precisa se sentir respeitado e não ameaçado
- **Foco no comportamento, não na identidade:** criticar ações, nunca a pessoa
- **Imediatismo:** quanto mais próximo do fato, maior a fixação neural do aprendizado
- **Escuta ativa:** permitir que o receptor participe da reflexão
- **Orientação para solução:** sugerir caminhos de crescimento, não apenas apontar falhas

Feedbacks que seguem essa lógica **ativam o córtex pré-frontal** e promovem aprendizado real, não apenas reação.

5. Silêncio como forma de punição: perigo invisível

O **feedback omitido**, em especial o silêncio diante de boas entregas, é interpretado pelo cérebro como **indiferença ou rejeição social**. Isso ativa o mesmo circuito da dor e gera queda de engajamento.

Líderes que negligenciam o reconhecimento **reduzem dopamina, oxitocina e senso de pertencimento.**

Conclusão

Liderar é influenciar cérebros em tempo real.
O modo como você oferece feedback, recompensa ou

NeuroLiderança Aplicada

correção **literalmente reconfigura as redes neurais da equipe.**

Líderes conscientes dessa responsabilidade passam a **escolher cada palavra, cada pausa e cada gesto com intenção estratégica e empática.** Eles entendem que não estão apenas dizendo algo, estão **modelando o sistema nervoso emocional** daqueles que os seguem.

Porque em liderança, cada palavra pode ser neuroconstrutiva ou neurodestrutiva.
A escolha está em quem comanda.

Página 16 — Criatividade, Segurança Psicológica e Inovação

Em um cenário organizacional cada vez mais volátil, incerto, complexo e ambíguo (VUCA), a criatividade tornou-se uma das competências mais valiosas da liderança e das equipes. No entanto, criatividade não é apenas fruto de inspiração ou talento. Ela depende de **condições neuropsicológicas específicas**, sendo altamente sensível ao ambiente emocional em que o indivíduo está inserido.

E entre todos os fatores organizacionais que afetam diretamente a capacidade criativa, um se destaca com consistência científica: **a segurança psicológica.**

NeuroLiderança Aplicada

1. O que é segurança psicológica do ponto de vista neurocientífico?

Segurança psicológica é o **estado mental e emocional** em que o indivíduo se sente **livre para se expressar, propor ideias, correr riscos interpessoais e errar sem medo de punição ou julgamento.** Neurocientificamente, isso significa que o cérebro **não está em estado de ameaça**, e sim em estado de expansão.

Ambientes de segurança psicológica mantêm o eixo HHA (hipotálamo–hipófise–adrenal) em repouso, evitando a liberação excessiva de cortisol e permitindo o funcionamento ideal do **córtex pré-frontal**, área associada à criatividade, pensamento abstrato e resolução de problemas.

2. A neuroanatomia da criatividade

A criatividade é um processo complexo que envolve múltiplas áreas cerebrais operando em rede. Entre elas:

- **Rede de Modo Padrão (Default Mode Network – DMN):** ativada em momentos de introspecção, devaneio e imaginação.
- **Rede Executiva Central:** associada ao controle cognitivo, ao foco e à avaliação crítica das ideias geradas.
- **Rede de Saliência:** responsável por alternar entre os estados internos (devaneio) e externos (atenção dirigida), coordenando as outras duas redes.

A criatividade emerge da interação fluida entre essas redes. Quando há medo, crítica excessiva ou ambiente *punitivo, o **acesso à DMN é bloqueado**, e o cérebro se restringe a respostas convencionais e defensivas.*

3. Fatores neurobiológicos que favorecem a inovação

- **Baixa ativação da amígdala:** *sinaliza que o cérebro está seguro e não precisa reagir.*
- **Alta conectividade pré-frontal e temporal:** *permite a recombinação de ideias e associações novas.*
- **Disponibilidade de dopamina:** *promove flexibilidade cognitiva e disposição para explorar.*
- **Ambiente emocional positivo:** *estados de alegria, curiosidade e entusiasmo ativam regiões que ampliam o campo atencional e aumentam a fluência verbal e ideacional.*

Aplicação prática: *líderes que promovem leveza, brincadeira construtiva e validação emocional estão favorecendo, de fato, a neurogênese de ideias.*

4. Condutas do líder que inibem a criatividade

- *Interrupções frequentes e falta de escuta*
- *Uso de sarcasmo, julgamento ou ironia ao receber ideias*
- *Foco excessivo em metas, sem abertura ao processo*
- *Clima emocional de medo, disputa e desconfiança*
- *Punição ou ridicularização de erros*

*Em ambientes assim, a **amígdala é hiperativada** e o cérebro entra em modo de defesa. O resultado: ideias medianas, silenciamento de talentos e conformismo mental.*

5. Condutas do líder que estimulam a inovação

- *Criar **espaços seguros para brainstorming**, onde nenhuma ideia é rejeitada prematuramente*
- *Celebrar tentativas e não apenas acertos*
- *Validar a diversidade de pensamentos e perfis cognitivos*
- *Oferecer tempo e estrutura para a incubação de ideias*
- *Estimular perguntas antes de oferecer respostas*
- *Reforçar a escuta ativa e o pensamento colaborativo*

*Tais práticas **ativam as redes de aprendizado e experimentação**, facilitando conexões neurais novas e disruptivas.*

Conclusão

Criatividade e inovação não são produtos da genialidade isolada. São **resultados emergentes de ambientes emocionalmente saudáveis e neurologicamente seguros**. O líder que compreende isso passa a atuar não como cobrador de ideias, mas como **curador de contextos.**

Porque onde há medo, não há inovação.
Mas onde há confiança, a mente se expande — e o novo acontece.

NeuroLiderança Aplicada

Página 17 — Modelos Aplicados de Liderança Neurocientífica

Ao longo das últimas décadas, o avanço da neurociência aplicada trouxe novos insights sobre como o cérebro humano funciona em contextos de liderança, aprendizado, tomada de decisão, regulação emocional e performance em equipe. No entanto, **a verdadeira força de um conhecimento científico está na sua capacidade de gerar práticas transformadoras.**

Nesta página, apresentamos modelos aplicados de liderança que integram princípios neurocientíficos com estratégias organizacionais contemporâneas. Esses modelos não são receitas, mas **estruturas de ação baseadas em evidência**, que permitem ao líder adaptar sua conduta de forma mais consciente, empática e eficaz.

1. Modelo SCARF (David Rock)

Um dos modelos mais conhecidos na interface entre neurociência e liderança é o **SCARF**, desenvolvido por David Rock, fundador do NeuroLeadership Institute. Ele propõe que o comportamento social humano é guiado por cinco domínios que, quando ativados positivamente, geram engajamento, e quando ameaçados, geram defesa.

SCARF é um acrônimo para:

- ***Status*** – *percepção de importância relativa no grupo*
- ***Certainty (Certeza)*** – *clareza sobre o futuro, previsibilidade*
- ***Autonomy (Autonomia)*** – *senso de controle e liberdade de escolha*

NeuroLiderança Aplicada

- *Relatedness (Relacionamento)* – grau de conexão e pertencimento
- *Fairness (Justiça)* – percepção de equidade e tratamento justo

Aplicação prática:

- Evite humilhar publicamente (ameaça ao Status)
- Compartilhe planos com clareza (reduz incerteza)
- Dê poder de decisão real (reforça Autonomia)
- Estimule laços de confiança entre membros (aumenta Relatedness)
- Seja transparente e ético (fortalece senso de Fairness)

Este modelo fornece ao líder **um mapa prático de ativadores e inibidores cerebrais**, permitindo o ajuste fino de suas ações no cotidiano da gestão.

2. Modelo de Liderança Reguladora (baseado na teoria dos três cérebros)

Inspirado na teoria do cérebro trino (reptiliano, límbico, neocórtex), este modelo propõe que o líder deve atuar em três níveis simultâneos:

- **Nível instintivo (cérebro reptiliano):** oferecer segurança, previsibilidade e limites claros
- **Nível emocional (sistema límbico):** reconhecer sentimentos, construir vínculos e validar experiências
- **Nível racional (neocórtex):** promover aprendizado, reflexão e tomada de decisões com base em propósito

Aplicação prática:

NeuroLiderança Aplicada

- *Estruture ambientes estáveis (satisfaz instinto)*
- *Seja emocionalmente disponível (equilibra o límbico)*
- *Estimule o pensamento crítico e sistêmico (ativa o neocórtex)*

Este modelo reforça a ideia de que **liderar não é apenas instruir — é regular sistemas humanos complexos com sabedoria emocional e presença estratégica.**

3. Modelo das 4 Camadas NeuroLiderança

Desenvolvido em programas de desenvolvimento organizacional com base científica, esse modelo propõe quatro camadas progressivas de intervenção neurocompatível:

1. **Autoconsciência:**

   - *Desenvolvimento de metacognição e autorregulação*
   - *Identificação de gatilhos emocionais*
   - *Consciência dos próprios vieses e padrões*

2. **Regulação do Ambiente:**

   - *Criação de clima de segurança psicológica*
   - *Promoção de recompensas simbólicas e emocionais*
   - *Redução de ameaças invisíveis (ex: ironia, microagressões)*

3. **Construção de Relações:**

   - *Escuta ativa e feedback neurocompatível*

NeuroLiderança Aplicada

- *Empatia estratégica e validação emocional*
- *Coesão de equipe e reconhecimento de talentos*

4. **Influência Sistêmica:**

- *Transmissão de cultura consciente*
- *Liderança por propósito e valores*
- *Formação de novos líderes com base neuroeducativa*

Aplicação prática: *líderes que operam nas quatro camadas consolidam influência real, duradoura e escalável.*

4. Modelo B.A.S.E. para líderes (síntese prática)

- **B – Biologia emocional:** reconheça que todo comportamento parte de um estado interno.
- **A – Ambiente neurocompatível:** regule o contexto antes de tentar regular pessoas.
- **S – Significado:** conecte decisões e tarefas a valores e propósitos percebidos.
- **E – Espelhamento:** saiba que sua postura será reproduzida (positiva ou negativamente).

Este modelo é ideal para treinamentos de liderança baseados em ciência aplicada.

Conclusão

Modelos de liderança embasados na neurociência não anulam a experiência, mas a **refinam**. Eles oferecem ao líder

NeuroLiderança Aplicada

mapas cerebrais para navegar nas relações humanas com mais precisão, ética e profundidade.

Porque um líder que entende de pessoas **deve entender também do cérebro.**
E quando ciência encontra consciência, a liderança se torna uma arte aplicada à transformação real.

Página 18 — Ferramentas Práticas de Autorregulação Emocional

A autorregulação emocional é uma das competências mais críticas para a liderança contemporânea. Mais do que conter impulsos ou "manter a postura", trata-se da **capacidade neurológica de reconhecer estados internos, processá-los com consciência e redirecionar a energia emocional com funcionalidade.** *Líderes que não desenvolvem essa habilidade tendem a agir por reatividade, alimentar climas de tensão e prejudicar tanto a si quanto às equipes.*

A boa notícia é que a neurociência demonstra: **a autorregulação pode ser treinada.** *Com práticas consistentes, é possível fortalecer circuitos cerebrais associados ao controle inibitório, à empatia e à flexibilidade cognitiva, especialmente no* **córtex pré-frontal dorsolateral**, *no* **córtex cingulado anterior** *e na* **ínsula anterior.**

A seguir, apresentamos **ferramentas práticas e Neurocientificamente validadas** *para líderes aplicarem em sua rotina.*

NeuroLiderança Aplicada

1. Rotina de escaneamento corporal (body scan)

Objetivo: ampliar a consciência corporal e detectar precocemente sinais de tensão, cansaço ou irritação.

Como aplicar:

- De 2 a 5 minutos ao acordar ou antes de reuniões importantes.
- Sentado ou em pé, com olhos fechados, atenção plena no corpo.
- Percorra mentalmente da cabeça aos pés, observando sensações sem julgar.
- Nomeie internamente o que sentir: "peso nos ombros", "calor nas mãos", "tensão na mandíbula".

Ativa o córtex insular e o sistema parassimpático, promovendo regulação autônoma.

2. Respiração 4-7-8 (regulação do sistema nervoso autônomo)

Objetivo: interromper o ciclo de ativação da amígdala e restaurar o equilíbrio neurovegetativo.

Como aplicar:

- Inspire pelo nariz por 4 segundos
- Segure o ar por 7 segundos
- Expire pela boca lentamente por 8 segundos
- Repetir 3 a 5 vezes

NeuroLiderança Aplicada

Reduz a frequência cardíaca, diminui a atividade simpática e aumenta a variabilidade da frequência cardíaca — marcador fisiológico de regulação emocional.

3. Diário emocional (em formato de autoobservação reflexiva)

Objetivo: aumentar a metacognição emocional e gerar consciência sobre padrões.

Como aplicar:

Ao final do dia, registrar:

- *Emoções mais frequentes*
- *Eventos disparadores*
- *Reações corporais*
- *Pensamentos associados*
- *Respostas dadas*
- *O que gostaria de fazer diferente*

Ativa o córtex pré-frontal ventromedial, fortalece o circuito de autorregulação e cria padrões de reescrita cognitiva.

4. Reestruturação cognitiva (baseada na TCC e neuroplasticidade)

Objetivo: transformar pensamentos disfuncionais que disparam reações emocionais negativas.

Como aplicar:

- *Identifique uma emoção desconfortável*

NeuroLiderança Aplicada

- *Detecte o pensamento automático associado*
- *Questione sua veracidade com evidências racionais*
- *Reformule com uma perspectiva mais funcional e realista*

Essa técnica ajuda a restaurar o equilíbrio entre o sistema límbico e o neocórtex, reduzindo vieses emocionais.

5. Rituais de transição entre contextos

Objetivo: evitar que emoções de um ambiente contaminem o desempenho em outro (ex: reunião difícil → próxima conversa com a equipe).

Como aplicar:

- *Após uma reunião, levantar, mudar de ambiente, beber água, respirar ou fazer uma breve pausa consciente.*
- *Dizer a si mesmo: "este é um novo momento, mereço estar presente."*

Interrompe o ciclo de ruminação e facilita a resetagem neuroemocional.

6. Mindfulness aplicado à liderança

Objetivo: treinar a atenção plena para reduzir reatividade e aumentar a clareza de julgamento.

Como aplicar:

- *5 a 10 minutos de prática diária*

NeuroLiderança Aplicada

- Foco na respiração, nos sentidos ou em uma palavra âncora
- Quando distrair, apenas volte — sem julgamento

Estudos mostram que práticas regulares aumentam a densidade de massa cinzenta no córtex pré-frontal, melhorando a capacidade de modulação emocional.

Integração prática: plano de regulação emocional em 3 etapas

1. **Antes de liderar**: respiração + intenção do dia
2. **Durante desafios**: escaneamento rápido + respiração 4-7-8
3. **Após decisões difíceis**: diário reflexivo + prática de gratidão

Conclusão

A autorregulação emocional não é uma virtude — é uma competência neurofuncional que pode e deve ser cultivada por todo líder. Quanto mais o líder regula a si mesmo, **mais se torna fonte de equilíbrio para os outros.**

Porque antes de transformar o ambiente, **é preciso transformar o próprio estado interno.**
E essa transformação começa na respiração, na atenção e na escolha consciente de cada resposta.

NeuroLiderança Aplicada

Página 19 — Protocolos de Treinamento Cerebral para Líderes

*A liderança exige mais do que competências técnicas e emocionais. Ela requer um cérebro funcionalmente preparado para **tomar decisões sob pressão, regular emoções, sustentar atenção e promover conexão social**. Assim como músculos podem ser treinados, o cérebro também pode ser fortalecido e reconfigurado por meio de práticas consistentes — graças à **neuroplasticidade**.*

*A seguir, apresentamos protocolos estruturados para líderes que desejam **treinar seu cérebro intencionalmente**, com base em evidências científicas.*

1. Treinamento para Clareza Decisória e Redução de Vieses

Objetivo: *aumentar a capacidade de julgamento sob pressão, diminuir erros de avaliação e fortalecer o raciocínio estratégico.*

Protocolo semanal (15 a 20 minutos/dia):

- **Segunda:** *análise de uma decisão recente → identificar emoções envolvidas e possíveis vieses (ex: ancoragem, confirmação, julgamento afetivo)*
- **Terça:** *simulação de tomada de decisão com 3 alternativas e análise de impactos*
- **Quarta:** *leitura de artigo técnico ou case sobre decisões críticas em liderança*
- **Quinta:** *prática de metacognição: "o que aprendi sobre meu modo de decidir?"*
- **Sexta:** *debate em grupo (presencial ou digital) com estudo de caso*

NeuroLiderança Aplicada

Estimula o córtex pré-frontal dorsolateral e redes de avaliação crítica.

2. Protocolo de Fortalecimento da Resiliência Mental

Objetivo: *reduzir impacto do estresse, fortalecer estabilidade emocional e ampliar resistência cognitiva.*

Elementos diários:

- ***Manhã (5 min):*** *respiração rítmica + intenção do dia (ex: presença, escuta, equilíbrio)*
- ***Tarde (3 a 5 min):*** *pausa ativa ou mindfulness breve (entre reuniões)*
- ***Noite (10 min):*** *diário reflexivo + gratidão dirigida*

Elementos semanais:

- *Exercício físico aeróbico (3x/semana)*
- *Contato com natureza ou arte*
- *Prática de não multitarefa (deep work intencional por 1 hora)*

Regula o eixo HHA (reduz cortisol), ativa o sistema parassimpático e melhora a integridade do hipocampo.

3. Protocolo de Potencialização da Criatividade e Inovação

Objetivo: *ampliar flexibilidade cognitiva, gerar novas ideias e desbloquear o pensamento criativo.*

Estrutura de 4 blocos semanais:

NeuroLiderança Aplicada

- **Exploração (segunda):** leitura fora da área habitual (arte, filosofia, cultura)
- **Incubação (terça):** caminhada consciente ou pausa contemplativa sem estímulos
- **Geração (quarta):** brainstorming individual com escrita livre ou mapa mental
- **Refinamento (sexta):** escolha de 1 ideia para detalhamento estratégico

Estimula a integração entre a Default Mode Network, a Rede Executiva Central e a Rede de Saliência — redes responsáveis por criatividade espontânea e foco.

4. Protocolo de Liderança Empática e Comunicação Consciente

Objetivo: *aumentar a capacidade de escuta, empatia estratégica e regulação de relacionamentos.*

Ciclo de 3 etapas:

1. **Antes da reunião:** *2 minutos de preparação intencional ("como quero estar presente? ")*
2. **Durante:** *escuta ativa com espelhamento não verbal e perguntas de aprofundamento*
3. **Após:** *registro da percepção do outro → o que senti, ouvi, compreendi, o que não foi dito*

Atividade semanal complementar: *feedback empático a um colaborador com foco no crescimento e validação emocional*

Ativa o córtex orbitofrontal, o sistema de neurônios-espelho e o córtex cingulado anterior — essenciais para regulação social e empática.

5. Protocolo de Reprogramação de Hábitos Mentais

Objetivo: substituir padrões cognitivos disfuncionais por rotinas de pensamento alinhadas a propósito e visão.

Modelo 3R: Reconhecer → Reescrever → Repetir

- **Reconhecer:** detectar pensamentos repetitivos limitantes (ex: "não sou bom nisso", "não vai dar certo")
- **Reescrever:** formular nova narrativa funcional baseada em fatos (ex: "estou aprendendo a lidar com isso")
- **Repetir:** afirmar a nova narrativa mental 2x/dia, com respiração consciente

Promove a neuroplasticidade funcional e altera padrões de ativação sináptica habituais.

Conclusão

Líderes de alta performance **não apenas gerenciam recursos externos** — eles **treinam e otimizam seu sistema neural interno.** Aplicar protocolos estruturados transforma o cérebro em um aliado consciente da missão.

Porque liderar bem **é liderar de dentro para fora.**
E o cérebro, quando treinado com intenção, **se torna o maior ativo estratégico do líder.**

NeuroLiderança Aplicada

Página 20 — Liderança e Inteligência Artificial: Interface Humana no Século XXI

O avanço exponencial da inteligência artificial (IA) está reformulando os paradigmas de trabalho, de tomada de decisão e de relações humanas nas organizações. Em meio à automatização de tarefas, à análise de grandes volumes de dados (Big Data) e à emergência de assistentes cognitivos, surge uma questão fundamental para a liderança: **qual é o lugar do ser humano na era da inteligência artificial?**

Ao contrário do que muitos preveem, o papel do líder não está em extinção, mas em **transformação profunda.** *E essa transformação exige um novo tipo de consciência:* **neurocientífica, emocional, ética e adaptativa.**

1. A mente humana diante da IA: complementaridade, não substituição

A inteligência artificial é extremamente eficaz em:

- *Reconhecimento de padrões*
- *Processamento de dados massivos*
- *Previsão estatística de comportamentos*
- *Execução de tarefas repetitivas e operacionais*

Contudo, a IA ainda é limitada em competências exclusivamente humanas, como:

- *Empatia contextual*
- *Julgamento moral*
- *Percepção emocional implícita*

NeuroLiderança Aplicada

- Tomada de decisão em ambiguidade ética
- Intuição adaptativa

Nesse cenário, o **cérebro humano continua sendo o centro da complexidade relacional**. Líderes que compreendem isso passam a utilizar a IA como extensão analítica — mas **mantêm o poder de decisão no espaço da consciência e da integridade.**

2. Neurociência e IA: como o cérebro responde à automação

Estudos demonstram que a introdução abrupta de automações pode gerar reações neurológicas semelhantes à exclusão social. A perda de controle ou de protagonismo ativa:

- **Amígdala** (ameaça)
- **Córtex cingulado anterior** (dor de rejeição)
- **Hipocampo** (memórias de insegurança)

Por outro lado, líderes que **comunicam a chegada da IA com empatia, transparência e propósito coletivo**, ativam:

- **Córtex pré-frontal ventromedial** (confiança)
- **Rede de recompensa social** (pertencimento, engajamento)
- **Circuitos de aprendizado e adaptação positiva**

A forma como o líder apresenta e integra a tecnologia determina **como o cérebro da equipe irá reagir — com medo ou com entusiasmo.**

NeuroLiderança Aplicada

3. A nova tríade da liderança neurodigital

Para liderar na era da IA, propõe-se uma tríade de competências adaptadas à realidade neurotecnológica:

1. **Curadoria Cognitiva**
   O líder deixa de ser a fonte exclusiva de conhecimento e passa a ser **curador da informação**, ajudando a equipe a filtrar dados, interpretar relatórios de IA e **traduzir informação em sabedoria.**

2. **Presença Humanizadora**
   Em tempos de interação com máquinas, **a presença humana torna-se diferencial competitivo.** Escutar, sentir, adaptar-se e gerar vínculos serão capacidades cada vez mais valiosas — e insubstituíveis.

3. **Consciência Ética**
   A IA pode otimizar decisões — mas **quem define o critério de "melhor"?** A liderança do futuro exigirá **alfabetização ética e responsabilidade filosófica** para guiar algoritmos com valores humanos.

4. Neuroética da automação: decisões morais com implicações cerebrais

À medida que algoritmos assumem processos decisórios (ex: recrutamento, crédito, segurança), líderes precisarão compreender os **impactos emocionais e neurológicos** da percepção de justiça, inclusão ou exclusão.

A **injustiça percebida ativa o córtex insular e provoca rejeição, raiva e desconexão social.**

NeuroLiderança Aplicada

A ausência de empatia em processos automatizados desumaniza a relação e desengaja o colaborador, mesmo com decisões logicamente corretas.

5. A liderança como interface entre o que a IA não alcança

A IA não sente.
Não se compromete.
Não constrói vínculo.
Não percebe o não dito.
Não lê emoções em contexto.
Não tem autoconsciência moral.
*E, sobretudo, **não se responsabiliza.***

*O líder, portanto, torna-se **a interface emocional, ética e narrativa** entre um mundo digitalizado e os seres humanos que continuam desejando sentido, afeto e presença.*

Conclusão

*A liderança do século XXI não se define pela resistência à tecnologia, mas pela capacidade de **humanizar sua aplicação**. O líder neuroconsciente entende que máquinas fazem contas — mas **apenas pessoas constroem confiança**.*

*Porque na era da inteligência artificial, **a verdadeira vantagem competitiva será a inteligência emocional, ética e relacional**.*

E ela começa — como sempre — dentro de quem lidera.

NeuroLiderança Aplicada

Página 21 — Neuroética: Os Limites da Influência

Com o crescimento do conhecimento neurocientífico aplicado à liderança, comunicação e tomada de decisão, surge um campo inevitável: **a neuroética**. Trata-se de uma área que examina **os dilemas morais, os limites e as responsabilidades envolvidas no uso do conhecimento sobre o cérebro para influenciar pessoas.**

No universo da liderança, isso significa reconhecer que, ao compreender como o cérebro funciona — suas motivações, vulnerabilidades, padrões emocionais e reações automáticas — o líder também **assume o poder (e o risco) de influenciar o comportamento alheio com maior precisão.** E todo poder de influência exige consciência de limite.

1. O que é neuroética?

A neuroética é definida como o campo interdisciplinar que investiga **as implicações morais da neurociência**, tanto em termos de pesquisa quanto de aplicação prática. Ela questiona:

- Até onde é legítimo influenciar decisões a partir de estímulos cerebrais previsíveis?
- Quando a persuasão se transforma em manipulação?
- Qual o limite entre motivar um grupo e instrumentalizar seus estados mentais?
- Como garantir que a liderança baseada em neurociência preserve a autonomia individual?

Na liderança, a neuroética exige **um pacto interno entre o conhecimento técnico e a integridade moral.**

2. Influência neurobiológica: entre ciência e responsabilidade

Hoje sabemos que:

- *Palavras afetam níveis de dopamina, serotonina e oxitocina*
- *Tons de voz modulam a amígdala (ameaça/acolhimento)*
- *Feedbacks alteram a ativação do córtex pré-frontal*
- *Ambientes modificam padrões de ativação límbica e racional*

Ou seja: o líder, mesmo sem perceber, **modula neuroquimicamente o funcionamento do outro.** *Isso traz um novo código de responsabilidade:* **se você afeta o cérebro do outro, você deve fazê-lo com consciência, respeito e ética.**

A pergunta ética essencial torna-se: o que estou ativando no cérebro das pessoas com minha liderança?

3. Liderança manipuladora: risco ético disfarçado de eficiência

Líderes podem usar técnicas neurocomportamentais para gerar:

- *Dependência emocional disfarçada de carisma*
- *Submissão com base em medo controlado*
- *Otimismo forçado para anular críticas legítimas*
- *Uso de rituais emocionais para obter lealdade cega*

NeuroLiderança Aplicada

Essas práticas, embora "funcionais" no curto prazo, geram **lesões subjetivas profundas**, *promovem climas tóxicos e desrespeitam a autonomia cognitiva e afetiva dos indivíduos.*

A neuroética propõe um modelo de liderança **transparente, consciente e respeitosa.** *Que ativa sim, mas* **nunca anula.** *Que motiva, mas* **nunca manipula.**

4. Autonomia e consentimento psicológico

Autonomia é um princípio ético central. Significa garantir que cada pessoa **tenha liberdade de pensamento, sentimento e escolha.**

Aplicações práticas:

- *Informar claramente os objetivos de intervenções comportamentais ou programas de desenvolvimento*
- *Evitar jogos emocionais para "convencer" ou coagir decisões*
- *Respeitar limites emocionais e culturais dos liderados*
- *Estimular o pensamento crítico, não a obediência passiva*

O líder ético **não conquista seguidores — forma pensadores.**

5. O papel do líder como curador da integridade coletiva

Mais do que apenas tomar boas decisões, o líder neuroético:

- *Protege a integridade emocional do grupo*
- *Cria espaço para divergência sem punição*

NeuroLiderança Aplicada

- Reconhece os limites da influência e recua quando necessário
- Honra a verdade, mesmo quando ela é desconfortável
- Garante que o conhecimento sobre o cérebro **seja usado para o florescimento humano, nunca para o controle disfarçado**

Conclusão

A neurociência aplicada à liderança é uma poderosa ferramenta de transformação — mas **sem neuroética, ela pode se tornar um instrumento de dominação disfarçada de sabedoria.** O verdadeiro líder do futuro será não apenas eficaz — mas profundamente **ético.**

Porque o que diferencia liderança de manipulação **não é a técnica.**
É a intenção.
É a verdade no olhar.
É a humildade de saber: eu posso influenciar, mas escolho preservar.

Página 22 — O Novo Líder: Mente, Cérebro e Propósito Humano

Estamos atravessando um ponto de inflexão civilizacional. A complexidade do mundo contemporâneo — marcada por tecnologias exponenciais, mudanças culturais aceleradas, colapsos emocionais coletivos e crises éticas profundas — exige um novo tipo de liderança: mais integrada, mais consciente, mais humana. **Um novo líder.**

NeuroLiderança Aplicada

*Este novo líder não é apenas um gestor de tarefas ou um tomador de decisões eficaz. Ele é, sobretudo, **um curador da consciência coletiva**. Alguém que compreende como mentes se moldam, como cérebros operam, como emoções fluem e como a cultura organiza silenciosamente os comportamentos.*

1. O novo líder pensa sistemicamente, sente empaticamente e age intencionalmente

A liderança tradicional buscava controle e previsibilidade. A nova liderança compreende a **natureza adaptativa do cérebro humano**, reconhece as interdependências entre emoções, contextos e decisões, e atua com **presença estratégica.**

- **Pensa sistemicamente:** entende que cada escolha impacta o sistema como um todo
- **Sente empaticamente:** capta o não dito, acolhe diferenças e regula vínculos
- **Age intencionalmente:** lidera com propósito, não por vaidade ou automatismo

2. Do líder racional ao líder neuroconsciente

O velho paradigma valorizava a lógica isolada da emoção. O novo líder integra:

- Racionalidade com sensibilidade
- Dados com narrativas
- Técnica com ética
- Neurociência com consciência

NeuroLiderança Aplicada

*Ele sabe que o **cérebro é plástico, mas precisa de ambientes seguros para florescer.** Sabe que a performance nasce da conexão — não da opressão. Sabe que liderar é, muitas vezes, **sustentar a lucidez onde todos estão reagindo.***

3. Liderança com propósito: o cérebro humano busca sentido

*Estudos de neuroimagem revelam que **propósito ativa regiões específicas do cérebro**, como o **córtex medial pré-frontal** e o **precuneus**, associadas ao senso de identidade, valores e transcendência.*

*O novo líder oferece direção não apenas com metas, mas com **sentido existencial.** Ele entende que colaboradores não se engajam apenas por salário, mas por visão, valores e pertencimento.*

*Um líder sem propósito claro **ativa o modo de sobrevivência.***
*Um líder com propósito compartilhado **ativa o modo de contribuição.***

4. O cérebro como ferramenta de liderança e evolução

O novo líder reconhece que:

- *O medo trava a criatividade*
- *A raiva distorce o julgamento*
- *O silêncio cuidadoso cura ambientes*
- *A escuta modifica estados emocionais*
- *A confiança fortalece redes neuronais coletivas*

NeuroLiderança Aplicada

- O cuidado neuroafetivo **é produtividade em longo prazo**

*Ele utiliza o conhecimento sobre o cérebro **não para manipular, mas para proteger, fortalecer e expandir o potencial humano.***

5. O futuro do líder é a ampliação da própria consciência

O novo líder é também um **guardião de si mesmo**. Ele observa seus pensamentos, regula suas emoções, revê suas crenças, expande sua presença e **lida com o poder sem perder a ética.**

Ele não precisa dominar a todos — **porque já aprendeu a liderar a si.**
E por isso, é seguido com respeito, não com temor.
Com admiração silenciosa, não com dependência cega.
Com confiança autêntica — que brota do coração e ressoa no coletivo.

Conclusão

O novo líder está em formação.
Ele se nutre de ciência, mas se ancora em valores.
Ele lê dados, mas escuta pessoas.
Ele conhece o cérebro — mas honra a alma.
Ele atua com precisão — mas nunca sem compaixão.

E essa liderança, quando exercida com profundidade, transforma o mundo.
Começando pelo mundo interior.

Página 23 — Liderar de Dentro para Fora: A Arquitetura da Mente Consciente

Nenhuma liderança será maior do que o nível de consciência de quem lidera. Essa é a premissa silenciosa, mas fundamental, da liderança neuroconsciente. Por trás das decisões, estratégias, discursos e ferramentas, existe uma instância mais profunda: **a mente do líder.** E é nela que o verdadeiro processo de liderança começa.

A mente consciente, ao contrário do que muitos imaginam, **não é apenas o local das escolhas lógicas.** Ela é o **sistema integrador** entre a cognição racional, os estados emocionais, os impulsos automáticos e as narrativas identitárias que o líder sustenta sobre si mesmo. Liderar de dentro para fora é reconhecer que **a forma como você percebe o mundo determina a forma como você age sobre ele.**

1. O cérebro executa o que a mente acredita

A neurociência comprova que o cérebro humano é **altamente moldável por experiências, linguagem interna e repetição.** Se o líder acredita que as pessoas são resistentes à mudança, ele tenderá a interpretar comportamentos de defesa como desafio. Se acredita que só é respeitado quando se impõe, seu corpo inconscientemente adotará posturas rígidas, palavras duras e padrões de controle. O cérebro então **reforçará essa rota neural como padrão relacional.**

NeuroLiderança Aplicada

*A mente **cria o filtro**. O cérebro **concretiza o filtro**. E a liderança que emerge disso **replica esse sistema de crenças no ambiente**.*

2. Arquitetura da mente consciente: três camadas fundamentais

   1. **Autopercepção (meta-consciência)**

      Capacidade de observar os próprios pensamentos, emoções e impulsos em tempo real.
      "O que estou sentindo agora? "
      "O que este impulso revela sobre mim? "

   2. **Autogestão (regulação intencional)**

      Habilidade de modular respostas emocionais, ajustar atitudes e escolher condutas alinhadas com valores.
      "O que realmente importa neste momento? "
      "Qual resposta será mais construtiva? "

   3. **Autorreflexão (integração identitária)**

      Capacidade de revisar crenças, aprender com erros e atualizar o próprio modo de existir.
      "Que história estou contando sobre mim como líder"
      "Essa narrativa ainda serve à minha evolução "

NeuroLiderança Aplicada

3. Liderança reativa vs. liderança consciente

- **Reativa:** *impulsionada por medo, ego, rigidez e automatismos. Opera em modo defensivo.*
- **Consciente:** *guiada por presença, intenção, propósito e autoquestionamento. Opera em modo adaptativo.*

O líder reativo **repete padrões herdados.**
O líder consciente **cria novos caminhos.**
O líder reativo **se protege.**
O líder consciente **se responsabiliza.**

4. Ferramentas práticas para expandir a mente consciente

- **Micro pausas de 1 minuto para checagem interna**
- **Meditação diária de 5 a 10 minutos** *(atenção à respiração ou corpo)*
- **Journaling de autorreflexão**: *o que aprendi hoje sobre mim?*
- **Técnicas de grounding**: *trazer o foco para o aqui e agora diante do caos*
- **Perguntas de alinhamento** *antes de uma reunião difícil:*

    "O que eu quero gerar neste ambiente?"

    "Qual versão de mim quero manifestar?"

5. Resultados de líderes que operam com mente consciente

- *Tomada de decisões mais clara e ética*
- *Redução de reatividade em conflitos*

NeuroLiderança Aplicada

- *Comunicação mais autêntica e empática*
- *Capacidade de sustentar o silêncio sem perder presença*
- *Maior influência relacional sem uso de força ou controle*
- *Vínculo mais profundo com propósito e visão de futuro*

Conclusão

Liderar de dentro para fora é construir **uma ponte entre a mente e o mundo.** É reconhecer que sua forma de pensar, sentir e interpretar cada situação é, ao mesmo tempo, o seu campo de ação e o seu campo de criação.

Porque no fim das contas, **a liderança que transforma começa no lugar onde ninguém vê: dentro da sua mente.** E é ali, no silêncio das suas escolhas internas, que o futuro se desenha.

Página 24 — Quando o Líder se Transforma, a Cultura Muda

A cultura organizacional é muitas vezes percebida como algo abstrato, invisível e difícil de definir — mas suas manifestações estão por toda parte: nos comportamentos repetidos, nos rituais diários, nos silêncios permitidos, nas palavras escolhidas, nos valores praticados e, sobretudo, **na forma como o líder age quando ninguém está olhando.**

O maior erro que um líder pode cometer é querer transformar a cultura sem transformar a si mesmo. Isso porque **a cultura é, em larga medida, uma projeção ampliada do estado interno da liderança.** E a neurociência mostra com clareza:

NeuroLiderança Aplicada

O comportamento coletivo é modelado pela experiência emocional repetida. Quem define essa experiência? O líder.

1. Cultura não é o que se diz — é o que se repete

Culturalmente, o cérebro dos membros da equipe capta **padrões afetivos e relacionais** por observação, repetição e internalização. A comunicação do líder, seus gestos, suas reações, suas ausências — tudo isso **constrói mapas mentais coletivos.**

Se o líder não escuta, a cultura não escutará.
Se o líder pune o erro com ironia, a cultura ensinará o silêncio.
Se o líder é transparente e humilde, a cultura aprenderá confiança e aprendizado.

O cérebro humano aprende socialmente. Os circuitos de **neurônios-espelho**, associados à empatia e à imitação, capturam não apenas comportamentos, mas também **estados emocionais dominantes.** O líder é, portanto, o ponto de partida da contaminação emocional — positiva ou negativa.

2. Transformação individual como gatilho cultural

Quando o líder muda sua maneira de:

- *Dar feedback*
- *Fazer perguntas*
- *Corrigir erros*
- *Lidar com frustrações*
- *Celebrar pequenas vitórias*

NeuroLiderança Aplicada

- *Gerenciar conflitos*

...ele **reprograma, sem avisar, o funcionamento do grupo.** *Cada novo comportamento* **ativa redes alternativas de percepção**, *abre espaço para outros tipos de reação, e* **ensina ao cérebro coletivo que há uma nova referência possível.**

Essa transformação cultural silenciosa é **mais duradoura do que qualquer treinamento institucional.** *Ela acontece pelo exemplo encarnado — não por PowerPoint.*

3. A neuroplasticidade cultural

Assim como o cérebro individual é plástico, a cultura também é. Ela **pode ser reescrita, desde que haja constância, intencionalidade e credibilidade.** *O processo é análogo à formação de novos caminhos neurais: primeiro com esforço, depois com repetição, e por fim com fluidez.*

Toda mudança começa como exceção.
A repetição consistente do novo torna-o normal.
A adesão espontânea dos outros o transforma em cultura.

Mas para isso, o líder precisa se manter **alinhado, mesmo quando ninguém aderir no começo.** *É ele quem sustenta a nova rede em construção.*

4. Ferramentas para nutrir uma cultura transformada pela liderança

- **Rituais conscientes:** *reuniões que abrem com respiração, escuta ou pergunta reflexiva*

NeuroLiderança Aplicada

- *Reuniões de feedback seguro:* onde todos podem falar sem temor
- *Modelagem de vulnerabilidade:* o líder compartilha aprendizados e não apenas conquistas
- *Recompensas por atitudes, não apenas por resultados*
- *Códigos relacionais definidos e vividos (ex: "Aqui, escutamos com respeito")*

Conclusão

Não existe cultura viva sem liderança presente.
E não existe mudança verdadeira sem **transformação de quem conduz.** Quando o líder se reorganiza internamente, ele altera silenciosamente a arquitetura emocional do sistema.

Porque liderar **não é apenas mover pessoas** — é **reorganizar consciências.**
E cada consciência transformada se torna, por si, **um novo campo de cultura emergente.**

Página 25 — O Fim da Jornada É o Início da Presença

Todo processo de autoconhecimento e liderança verdadeira conduz, em algum momento, a uma inversão silenciosa: o que antes era busca por resultados, reconhecimento ou controle se transforma em **presença plena e responsabilidade consciente.** E nesse instante, o líder compreende que **a jornada que parecia terminar — na verdade, está apenas começando.**

NeuroLiderança Aplicada

Não há mais necessidade de provar nada.
Nem de dominar.
Nem de estar certo o tempo todo.
*O novo líder já não lidera por carência, mas por **inteireza**.*

Ele compreendeu, em sua própria mente e coração, que:

- A maior influência vem do exemplo silencioso
- A maior estratégia nasce do autoconhecimento
- A maior liderança é a que gera liberdade nos outros
- E o maior poder é o de **estar inteiro onde se está**

1. Presença é mais do que estar fisicamente disponível

*Presença é **estar com lucidez emocional, atenção plena e intenção clara.***
É escutar com os olhos.
É respirar antes de responder.
É sustentar o silêncio quando o ego quer vencer.
É acolher o outro sem querer consertá-lo.
É reconhecer o humano — em si e no outro.

A neurociência mostra que, quando um líder se torna verdadeiramente presente:

- *O ritmo cardíaco da equipe se sincroniza (coerência cardíaca)*
- *A linguagem não verbal se alinha (espelhamento)*
- *A confiança aumenta (ativação de oxitocina)*
- *O julgamento diminui (inibição da amígdala)*
- *O aprendizado coletivo se intensifica (neuroplasticidade social)*

*Ou seja: **a presença transforma ambientes.***

2. A liderança como prática cotidiana da consciência

O fim da jornada não é um ponto de chegada externo — é um estado interno.
Um estado em que o líder:

- *Não reage — responde*
- *Não comanda — conduz*
- *Não exige — inspira*
- *Não julga — compreende*
- *Não teme — confia*

Esse líder é menos sobre metas e mais sobre **significados.**
Menos sobre tarefas e mais sobre **relações.**
Menos sobre cargos e mais sobre **causas.**

3. A eternidade do instante vivido com inteireza

O verdadeiro líder entende que o agora é o único tempo real.
É nele que se constrói o vínculo.
É nele que nasce a decisão certa.
É nele que o ser humano é visto, tocado, nutrido.

E essa presença — esse agora vivido com inteireza — **é o maior legado de um líder desperto.**

Encerramento

Você não lidera porque sabe mais.
Você lidera porque **aceitou caminhar para dentro.**

NeuroLiderança Aplicada

Porque olhou seus próprios medos, sombras, crenças e limites — e ainda assim decidiu seguir.
Você se tornou referência não por perfeição, mas por **consistência.**

E a partir deste ponto, você não precisa mais de técnicas.
Porque seu cérebro já aprendeu.
Sua mente já despertou.
E seu coração, agora, **já se tornou presença.**

Liderar é estar.
Estar inteiro.
Estar com clareza.
Estar a serviço do que é maior do que você.

O fim da jornada é, portanto, o início da liderança verdadeira,

Aquela que transforma pela presença silenciosa de quem já se transformou por dentro.

Epílogo — A Liderança do Futuro Nasce no Cérebro, Floresce na Consciência

Ao longo destas páginas, percorremos não apenas circuitos cerebrais, sinapses e neurotransmissores. Fomos além da ciência para acessar aquilo que dá sentido ao conhecimento: **a responsabilidade de aplicá-lo com consciência, ética e propósito.**

Você, líder, agora carrega mais do que teorias. Carrega mapas internos. Compreende que cada palavra, cada gesto,

NeuroLiderança Aplicada

*cada decisão sua **modula o cérebro e o coração de outras pessoas**. Isso é poder — e também é compromisso.*

A verdadeira NeuroLiderança não está no domínio frio da técnica. Está na integração entre conhecimento e integridade. Está na escuta que acolhe, na comunicação que constrói, na regulação que protege, e na visão que expande possibilidades.

*A liderança do futuro **é neuroética, adaptativa, emocionalmente consciente e biologicamente humanizada.** E ela começa — sempre — dentro de quem a exerce.*

Agradecimentos

Agradeço a todos os profissionais, pesquisadores e estudiosos da neurociência comportamental, psicologia organizacional, liderança ética e inteligência emocional, cujos trabalhos inspiraram, fundamentaram e confirmaram as ideias aqui reunidas.

Às lideranças conscientes, que todos os dias enfrentam a si mesmas antes de enfrentar o mundo: minha admiração.
À ciência, que nos mostra como o cérebro funciona.
À humanidade, que nos lembra por que ele importa.

Bibliografia Técnica e Científica Selecionada

- *Goleman, D. (1995). Inteligência Emocional.*
- *Rock, D. (2009). Your Brain at Work.*
- *Cacioppo, J. T. & Berntson, G. G. (2005). Social Neuroscience.*
- *Lieberman, M. D. (2013). Social: Why Our Brains Are Wired to Connect.*

- *Damasio, A. (1994). O Erro de Descartes.*
- *Kahneman, D. (2011). Thinking, Fast and Slow.*
- *Edmondson, A. (2018). The Fearless Organization.*
- *Siegel, D. (2010). The Mindful Brain.*
- *Rizzolatti, G. & Sinigaglia, C. (2006). Mirrors in the Brain.*
- *Boyatzis, R., Goleman, D., & McKee, A. (2013). Primal Leadership.*
- *Cuddy, A. (2015). Presence: Bringing Your Boldest Self to Your Biggest Challenges.*

Sinopse

NeuroLiderança Aplicada — Como a Neurociência Está Transformando a Forma de Liderar no Século XXI

Em um mundo onde o comportamento humano é cada vez mais estudado, compreendido e modelado com base em evidências científicas, torna-se indispensável que líderes conheçam não apenas de gestão — mas de cérebro, mente e emoção.

Este livro oferece uma jornada profunda e técnica por tudo o que a neurociência moderna revelou sobre a liderança eficaz: desde os sistemas de recompensa e tomada de decisão até a comunicação, empatia, estresse, inovação e segurança psicológica.

Com linguagem clara, embasamento acadêmico e aplicações práticas, **NeuroLiderança Aplicada** *é leitura obrigatória para quem deseja liderar com mais inteligência, integridade e impacto.*

Made in United States
Orlando, FL
29 August 2025